関西黎明期の群像

馬場憲二
管　宗次　編

上方文庫
20
和泉書院

『関西黎明期の群像』出版の辞

「ミレニアム」という言葉がよく使われている。本来は「千年間、キリストの再臨する千年王国」(『知恵蔵』2000)という意味の宗教用語のようであるが、一般的には西暦二〇〇〇年、二十世紀最後の年という意味で使われている。二十一世紀を目前にして、今、世の中は大きく変化しつつある。

「近代」から「現代」へ大きく変化したのが太平洋戦争敗戦による変化であった。戦後五十余年かかって築かれてきたものが、今、音を立てて崩れて行く。まさしく世紀末現象を示しているようである。私たちはこの五十年間、一体何をしてきたのだろうか。考え直す時期が来ているようである。

日本が「近代」への道を歩き始めたのは幕末から明治にかけての、いわゆる「明治維新」であった。日本が「東洋的なもの」から「西洋的なもの」に憧れ、欧米に範を求めて大きく変化したのが「明治維新」であった。明治時代はまさに「近代化」の「黎明期」であった。

今、歴史の流れが大きく変わろうとしている。戦後五十年かかって組み立てたものが崩れるとき、日本が近代化へスタートした明治の時代を中心にして各界で活躍した人たちの生きた姿を振り返ってみることは意義の有ることではないか。

ミレニアムを目前にした一九〇〇年代最後の年の或る日、私たちはそのようなことを話し合った。そして、「地方分権」「地方自治」が話題に上る今、関西在住の我々は関西を中心にして、各人が専攻するそれぞれの分野で調べてみることになった。幸い多くの方々の支持が得られて、すでに次の準備が進められている。

最初の発起人たちがまとめたものが、このような形で世に問うことが出来るようになったのは、ひとえに和泉書院の廣橋研三氏の温かいご配慮と管宗次氏の献身的なご努力の賜物であり、心より感謝申し上げたい。

ミレニアムの年
平成十二年三月

発起人の最年長者
馬場憲二

目次

装訂　森本良成

I

田中華城・金峰父子

維新期大阪の竹枝

鷲原知良

金峰先生肖像
(『金峰絶句類選』大阪府立中之島図書館蔵)

田中華城 たなか・かじょう

名は顕美《あきよし》、字《あざな》は君業《くんぎょう》、通称は内記《ないき》、華城はその号。文政八年（一八二五）生まれ。大阪北久宝寺町の医家田中玉洲《ぎょくしゅう》の息。早く父を失い、医術を備前の難波抱節《なんばほうせつ》に学んだ後に家業を継ぐ。藤沢東畡《ふじさわとうがい》の塾にて儒を学び、儒医として名を知られ、特に詩作に長じた。『大阪繁昌詩後編』、『日本復古詩』、『画本大阪新繁昌詩』、『温疫論集覧』等の著作がある。継嗣の金峰を早く失い、養孫の五郎丸も夭逝。明治十三年（一八八〇）四月十三日没。享年五十五歳。

田中金峰 たなか・きんぽう

名は楽美《なりよし》、字は君安《くんあん》、通称は右馬《うま》三郎《さぶろう》、金峰はその号。弘化元年（一八四四）五月十六日生まれ。田中華城の息。幼時より記憶力に優れ、十歳にして独学により詩を作る。医・儒ともに父の代講を為し得るほどの才気を示し、また同じく詩文に長じた。生来、虚弱多病の質で、文久二年（一八六二）六月二十八日に享年わずか十九歳で没。死後刊行の『大阪繁昌詩』が天才少年の遺作として評判になる。その他『金峰絶句類選』、『金匱要略正義』等の著を遺した。

はじめに

近世から近代へという歴史の転換の中で、最も大きく変化したものの一つは、漢文体という表現形式の地位であろう。もちろん、明治維新により政治体制が変わったとしても、言語活動までが一朝一夕に変化したわけではない。学問の基礎言語として西欧語の習得が不可欠になるにしたがい、漢文の必要性は相対的に縮小するものの、依然として知識人に共通の素養として重要な意味を持っていた。また、新聞雑誌上での漢詩文の投稿と批評添削という形式が広まることにより、作者の数という点では、むしろ明治期に入って一層隆盛したという見方もできる。

しかし、一方で当時の漢学者たちが、次々にもたらされる西洋文化を目の当たりにして、時代の急激な変化を感じていたことも事実である。本稿では、御一新の世を見ることなく早世した少年と、二つの時代に跨がって生きたその父の二人の漢詩文作品を取り上げ、彼らの関心が当時の大阪という都市の何に向けられていたのかを考えてみたい。

一　華城・金峰父子の略伝

徳川時代も終焉に近い文久三年（一八六三）頃、『大阪繁昌詩《おおさかはんじょうし》』という標題の書物が刊行された。著者は田《た》中《なか》金峰《きんぽう》。大阪北久宝寺町の医家田《た》中《なか》華城《かじょう》の息であり、文久二年（一八六二）に享年十九歳で没し

『大阪繁昌詩』（架蔵）

た少年詩人である。

　金峰の父の華城は、医業の傍ら儒教の経典の研究にも心血を注ぎ、また詩文の制作に秀でるなど、風流韻事にも造詣の深い人であった。当時の医家は漢学を修めるのが普通であったとはいえ、『大阪繁昌詩後編』や『日本復古詩《にほんふっこし》』など自らの詩集を刊行したほどであるから、単なる余技の域を出ているといえよう。この父の薫陶を受けて、金峰もまた幼時より詩才を発揮したが、生来の蒲柳《ほりゅう》の質に加え、労疾（肺結核）を発し、わずか十九歳で不帰の人となった。十六、七歳の頃に成した稿を、他人に添削を乞うこともなく秘匿していたが、臨終の際にはじめて原稿を取り出し遺族に託した。それを父の華城が上梓したものが『大阪繁昌詩』三巻三冊であり、まさに夭折の才子の遺作と称するに相応《ふさわ》しい。

　その『大阪繁昌詩』の上冊には、本文に先立ち吉田藩の兵頭清生という人物による「田中右馬三郎伝」が掲載されている。それによると、田中家は、もと六田氏という源氏の流れを汲む丹波の豪族であったが、金峰から六世の祖の荘次郎という人の代に京へ出て、寄寓した田中氏を冒すことになった。この人は小森氏の門に入り、医を業とし、法橋に任ぜられ嘉庵と称した。その後、大阪に下り高麗橋《こうらいばし》に住した。

男子三人は早世し、孫の一人の顕輝《あきてる》（号は綺潮《きちょう》）は一時京へ出て神道を学んでいたが、帰阪して家業を継いだ。その次男の輝美《てるよし》（号は玉洲《ぎょくしゅう》）と深江氏（名は益子）の間に、文政八年（一八二五）に生まれた男子が顕美《あきよし》（号は華城）である。華城の母は和歌や書道、琴三味線に秀で、早世した輝美に代り華城を育てた。まず、当時の大阪で有数の学者であった泊園《はくえん》書院の藤沢東畡《ふじさわとうがい》に儒を学ばせ、次いで医を備前の難《なん》波抱節《ばほうせつ》に学ばせた。華城は帰阪後、北久宝寺町《きたきゅうほうじ》で医業を営むが、その学問を慕い多くの医学生が入門し、また漢学の講義も受けたという。

華城とその室の杉本氏（名は熙子）の間に、弘化元年（一八四四）仲夏既望（五月十六日）に生まれた男子が楽美《なりよし》（号は金峰）である。祖母に当たる深江氏が、午の日を賽日とする妙見菩薩に祷り、午の月、午の日の午の刻に生まれたので、右馬三郎《うまさぶろう》を通称とした。幼時より記憶力に優れ、父の華城はその病弱を慮り、句読を授けるのを遅らせていたが、独りで字引を用いて書物を読み進め、十歳の正月には既に一人前の詩を作った。十四歳にして、父の代講を務めるまでになり、著述の校正にも従事した。容貌は白皙繊麗にして女子と見まがうほど、挙止は閑雅謙虚にして一見文字も弁えぬかのようであったが、年長の書生に対して、近世の大家は、経学の大田錦城《おおたきんじょう》、詩の菅茶山《かんちゃざん》、史の頼山陽《らいさんよう》、文の斎藤拙堂《さいとうせつどう》との見識を示し驚倒させたとの逸話も残っている。しかし、惜しむらくは才子多病の言葉そのままに、父の華城に先立つこととなった。大阪中寺町の妙寿寺にある金峰の墓には、当時七十一歳の老儒藤沢東畡による碑文が刻されている。

跡継の金峰を失った華城は、慶応二年（一八六六）に郡山藩の縁戚から四歳の男児を迎え、孫として養育する。名を暢美《のぶよし》（通称五郎丸）といい、これも極めて利発な子供であった。華城はこの五郎丸と妻と喜寿を超えてなお存命であった母の深江氏とともに維新の混乱を経験したが、五郎丸もまた明治二年（一八六九）正月二十八日に不意の病によりわずか七歳の生涯を閉じてしまう。華城の悲嘆の述懐は、『金峰絶句類選《きんぽうぜつくるいせん》』という書物に附載の「亡孫五郎丸伝」に綴られている。華城という人は、ついに子縁に恵まれないひとであった。彼自身は、明治十三年（一八八〇）四月十三日に五十五歳を以て病没。大阪の阿倍野墓地に葬られている。

田中右馬三郎（金峰）と五郎丸の墓碑・妙寿寺（大阪市中央区）

華城金峰父子の本業は医であったから、医学に関する著述も少なからずあったに違いなく、事実、『温疫論集覧《おんえきろんしゅうらん》』（華城）、『金匱要略正義《きんきようりゃくせいぎ》』（金峰）等の書名が伝わっている。しかし、版本として刊行され多くの読者の目に触れたのは、金峰の『大阪繁昌詩』と『金峰絶句類選』（いずれも遺稿）、華城の『大阪繁昌詩後編』、『日本復古詩』、『画本大阪新繁昌詩《がほんおおさかしんはんじょうし》』の諸編である。特に『大阪繁昌詩』は、明治に入ってからも再三版を重ね、広く読まれたという。これら漢詩文作品を、この父子の代表的事績とすることに、おそらく異論あるまい。以下、本稿では、彼らの著作を順次取り上げて、幕末維新期の都市大阪の状況を垣間見ることにしたい。

二　『大阪繁昌詩』

金峰の『大阪繁昌詩』（以下、適宜『繁昌詩』と略す。）は大阪の名所旧跡や行事、風俗等を詠じた七言絶句百三十首を収める。ただし、漢詩のみが並んだ純然たる詩集ではない。著者による前書きにあたる上巻の「繁昌引」に「一詩に一記を添へ」とあるように、一首の詩ごとに必ず関連する文章が添えられている。分量は一行二十文字で数行のものから数十行に及ぶものもあり、詩よりも、むしろこちらの方が主体となっている感もある。その文章の内容は、原田省なる人物の記した序文に「此れ題して『大阪繁昌詩』と曰ふと雖も、詩話や、随筆や、異名篇《いめいへん》や、地理志や、具備せざること無し」と評されるように、例えば、その題材に因む先行詩人の作品を論評したり、名所旧跡に関する逸話を紹介したり、事物のさまざまな異名を列挙したり、あるいは地名に関する考証を記したりと、多面的な様相を示している。今日一般的に江戸時代の「随筆」と分類される文章は、おおよそ右の要素の複数を兼ね備えているから、『繁昌詩』を広い意味での随筆作品と称しても差し支えないであろう。

『繁昌詩』に収まる百三十の題目の配列は以下のようになっている。

●巻之下
道頓港戯場／俳優／尤海殢波／法善寺／日本橋／弁天蓮池　附蓮花異名／真言阪／高津新地百家巷《ヒヤクケンナガヤ》／売糕翁／鬻虫／盂蘭盆／中元謁墓／瀆堤望火字／地蔵祭　附地獄論／瀬戸物街／施餓鬼／円頓寺　附胡枝花異名／大阪城更鎮《カハリバンシヨ》／木津川釣鯊舟《ハゼツリフネ》／鉄眼寺　附綿異名／阿福茶店《ヲタフクチヤヤ》／豹　附異名／天下茶屋／住吉／阿部《(ママ)》野　附楠新田二公論／寿法寺／奢必麼曹破落飛《セヒモンハラヒ》／牡蛎船《カキフネ》　附蛎異名／越後獅子／山鳥舗《シヽミセ》／顔観《カホミセ》／煨藷燈《ヤキイモノアンド》　附蕎麦蜜柑薩芋等異名／胡蘿蔔《ニンジン》　附異名／嗟来粥《カイヤロウ》　附救荒書目／梅荘　附梅花異名／蔵菜《クキツケ》／樢餅／掃煤／除夜／節分／禳厄《ヤクハラヒ》／感懐

（以下、本稿中で片仮名のルビは原本にあるもの、平仮名のルビは編者が付したものとする。）

この配列を一覧すれば、おおよそ歳時の順に並んでいることがうかがえよう。すなわち、上巻の初めの方に、注連縄《しめなわ》、七草粥、十日戎などが並び、次いで桃谷《ももだに》、桜宮《さくらのみや》などの花の名所、中巻に金魚、西瓜、天神祭など夏の風物や行事が、下巻では盂蘭盆《うらぼん》や萩の花など秋の風物が置かれ、誓文払《せいもんばらい》、芝居の顔見世など冬の行事が続き、餅搗《もちつき》、煤払、除夜に至る。そして、その合間に、例えば天王寺、道頓堀、住吉などの地名が折り込まれる構成になっている。また、巻頭には、当時『淀川両岸一覧《よどがわりようがんいちらん》』や『摂津名所図会大成《せっつめいしょずえたいせい》』などの風景画を手がけた松川半山《はんざん》という絵師の手になる「大阪繁昌之図」が二丁半（五頁分）

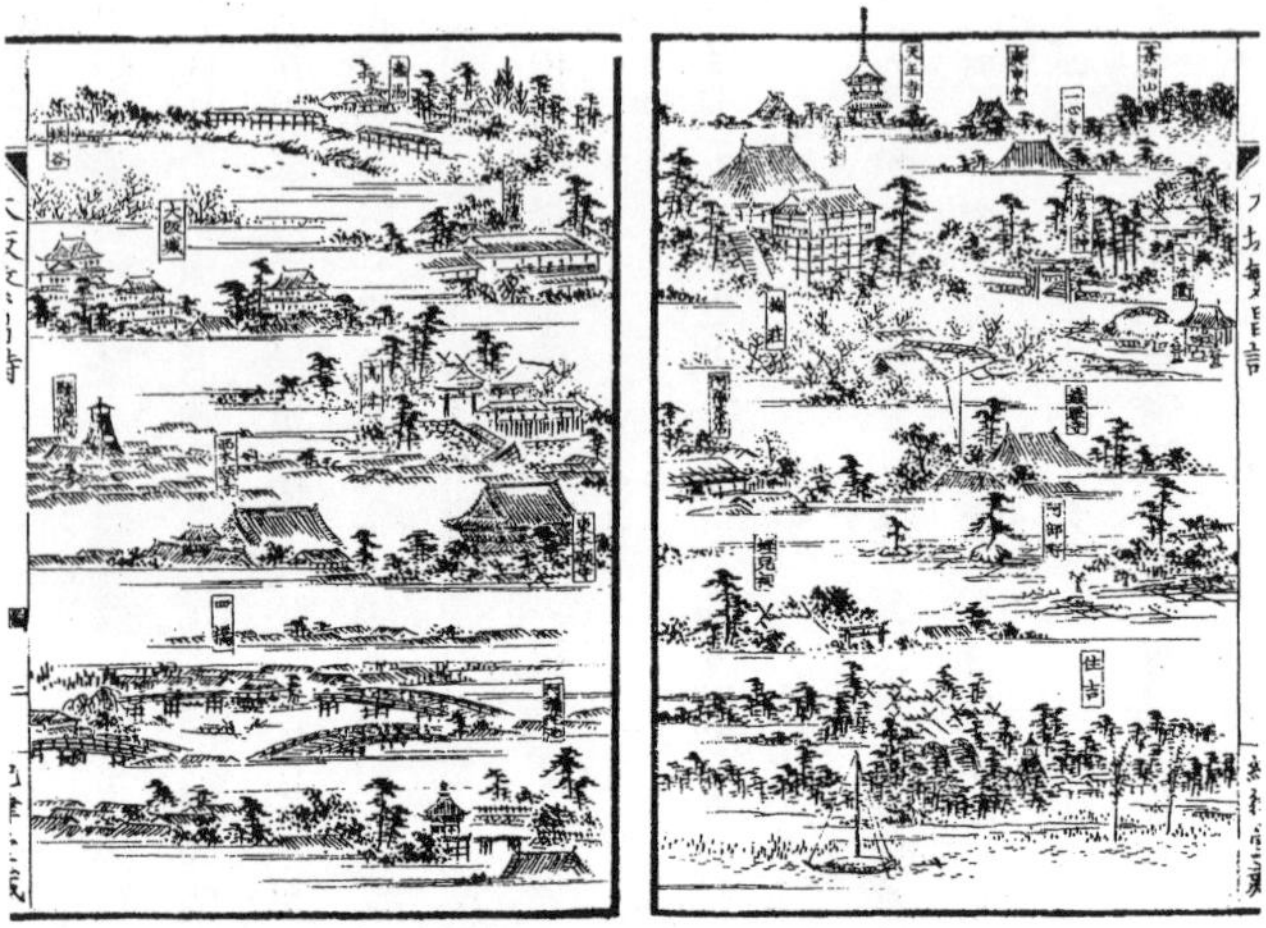

松川半山「大阪繁昌之図」(『大阪繁昌詩』架蔵)

にわたって掲げられ興趣を添えている。

三　経済に関する項目

さて、このように『繁昌詩』の項目配列は、歳時と地誌の混交した形になっているのであるが、上巻の冒頭を飾る「富《ふ》家《か》銀《ぎん》主《しゅ》」と題する篇は、年中行事でも名所旧跡でもなく、経済都市大阪の繁栄ぶりに焦点を当てたものであった。そこに添えられる詩は以下のようなものである。

豊公の巨胆　支那を圧す
貔虎《ひこ》　鞭を投ず鴨緑《おうりょく》の波
長《とこし》へに余威の富戸に帰する有りて
諸侯　幣《へい》を齎《もたら》して金を借る者多し

大阪の人間にとって最大の英雄は、やはり豊臣秀吉である。「貔虎」とは豹や虎で、勇猛な軍勢のたとえ。「鴨緑」は朝鮮半島北部を流れる川の名。その是非はともかく、朝鮮半島へ出兵した秀吉の豪胆が、今日の大阪の豪商の勢いに及ぶと詠じる。「諸侯」は諸国大名。大阪には大名貸と呼ばれる金融業者が多かった。大名たちは財政難の際の頼りとして、普段から丁重に「幣」（付け届け）を贈り、大名貸と厚誼を結んでいたというのである。右の詩に続いて以下のような文章が記される。

> 五大洲中、人品都雅にして万物富饒なる者は、日本を以て第一と為す。欧陽永叔《おうようえいしゅく》の「日本刀歌」に云く、「土壌沃饒にして風俗好《よ》し」と。而して黄金、山の如く、白銀、海の如くなる者は、我が大阪を以て無双と為す。『穀堂遺稿《こくどういこう》』に「浪華の殷富寰区に甲たり　素封の君数を知らず」と。諸侯の王事に勤め、幕府に聘し、国用足らざる者は、皆、使を遣わし幣を厚くし、大阪に来たり、以て之を借る。邦俗、金を借すの家を呼びて銀主と称す。

江戸時代の貨幣の流通は、江戸では金を主としたのに対し、上方では銀が中心であった。したがって、邦俗すなわち大阪の方言では金貸しを銀主と称した。この項目の標題を「富家銀主」とした所以である。文章は以下のように続く。

> 楽美、始皇紀《しこうき》を考ふるに、豪富を咸陽《かんよう》に徙《うつ》すこと、実に故有り。今日、金銀、諸侯に供ふるは、則ち固より天下有用の財と称するに足れり。

司馬遷《しばせん》の『史記』によれば、秦の始皇帝が富豪を都の咸陽に集めたことは、禍の元となった。せっかくの富も死蔵されていたのでは役に立たない。それに対して、大阪の豪商たちが諸大名に金銀を貸し付けるのは、きわめて有用なことというのである。

且つ吾れ之を聞くこと有り、豊臣氏の天下を治むるや、金銀勝へて用ゐるべからざるなり。是を以て大阪城に金井有り。黄金数百枚を泉底に埋む。都人、黄金水と称す。銀井有り。亦た白銀数百両を泉底に埋む。白銀水と呼ぶ。元和《げんな》元年、両将軍、城内の燼余を収め、猶、金二万八千枚、銀二十四万両有るを見る。事、『日本外史《にほんがいし》』に見ゆ。海外同穴の狐狸、吾が金銀に首を翹《あ》げ尾を揺らすこと久し。『草茅危言《そうぼうきげん》』、外船互市の条、金銀の論、決して用ゐるべからず。願はくは彼の狐狸をして、山の如きの黄金、海の如きの白銀を、吮い尽くさしむること莫かれ。

このように、大阪には山海のごとき金銀が溢れているのであるが、その金銀が日本と交易を求める海外の国々によって狙われているという。金峰の父の華城は尊王思想家であり、攘夷論者でもあった。そして、繊弱多病の才子であった金峰も、なかなか血気盛んな攘夷論を示している。例えば、「豊臣太閤附武内宿禰《たけのうちのすくね》」という項では、「若《も》し太閤をして年三百ならしめば、亜魯仏英《あろふつえい》皆我が臣なり」との詩を詠じ、もし秀吉が今も生きていたなら欧米列強をことごとく制圧したであろうと述べている。

また、右の文章では、中井竹山《なかいちくざん》の『草茅危言』という書物に言及している。これは懐徳堂《かいとくどう》の学主であった著者が、天明寛政の頃、老中松平定信《さだのぶ》の諮問を受けて、政治経済社会問題に関する意見を述べたものである。その中に「外船互市」すなわち海外との貿易に関する条があり、以下のような言説が示されている。

世人ハ奸民ノ私ニ外国ヘ金銀ヲ尽シ捨ルヲ深ク嘆ケドモ、愚ハ只官ヨリ公ケニ銅ヲ多ク発兌《はつだ》有ヲ惜ム。如何ナレバ金銀二品ハ必竟何ノ用ニ立ヌ物ナレバ、乏キトテモ事カ、ズ。銅鉄ノ二品ハ民用ニ甚切《せつ》ニテ、鉄ハ云迄モ無大切成者、銅ハ是ニ次デ甚便利ノ者也。故ニ生銅ヲ年々夥《おびただしく》敷外国ヘ抛チ棄ルハ、惜ム可ノ甚《はなはだしき》敷也。

金銀の海外流出よりも、実用に資する鉄や銅の流出を憂うべきとするのが竹山の意見であるが、金峰はそれには従うべきでないというのである。

次に、もう一つ大阪の経済に関する『繁昌詩』の項目を見てみよう。「堂島米市《どうじまこめいち》」と題する上巻末尾近くの条には、以下の詩が添えられている。

旧穀は秋に升《のぼ》り新穀は春
輸赢《しゆえい》一決するは鉄の精神
忽ち奇禍に逢ひて奇福に転ず
懸磬《けんけい》の室は猗頓《いとん》の人を容る

大阪の堂島では、空米相場という実際の米によらない投機的な見込み取引が行われ、一獲千金を狙うものが多かった。「輸赢」とは勝ち負けの意味で、ここでは相場での損得をいう。「懸磬の室」とは、がらんどうで何も入れるもののない、つまり無財産である状態。「猗頓」は中国春秋時代の魯国の大富豪の名で、巨万の富のたとえ。安い時期に買っておいた米が、奇禍すなわち凶作により価が騰貴し、それで一財産つくったというのである。しかし、実際には、投機的な相場で儲けを得るものは、ごく少数の人間でしかない。『繁昌詩』の文章は、以下のように綴られる。

堂島は大江《おおえ》渡辺《わたなべ》両橋の間に在り。直ちに北里《キタノシンチ》の花街と相望み、纔かに蜆川《しじみかわ》一条の細流を隔つ。此の際、日に隠語《カクシコトバ》を吐き、米価の昂低を伝ふ。黠客狡児《かつかくこうじ》、烏合蟻聚《うごうぎしゅう》、竜断に立ち、虎穴を窺ひ、以て廃居を決し、大利を網するの奇策妙算を運らす。久しく富て暴《にわ》かに貧なる者、久しく貧にして暴かに富む者、然れども富を得るは乃ち千万中の一のみ。設《たと》ひ百計して富を求むるも、真に是れ浮雲浮雲。

『草茅危言』に深く相場の旧弊を論ず。

先の「富家銀主」の条と同じく『草茅危言』に言及しているが、こちらの場合はその意見に同調している。『草茅危言』巻九の「米相場ノ事」の条に、「大坂ニ於テ大ニ風俗ヲ破リ、人心ヲ害スル事ノ最上第一タル可ハ、堂島ニテ帳合米《ちょうあいまい》ト名付ル米穀ノ不実商ナリ」とあるのを受けたものである。このように、権威ある先学の書を鵜呑みにするのではなく、是々非々の態度を以て臨むという点に、金峰の学問に対する気概をうかがうことができよう。そして、またそれは、未だ弱冠に満たぬ若輩とはいえ、儒者としての彼の矜恃を示すものともいえよう。『繁昌詩』の文章は、さらに以下のように続いている。

或る曰く、近来米価沸騰、珠の如く玉の如し。必ず大いに苞米《ほうまい》を買ひて帰る者有るか。将た苞米の脚無くして海外に走ること有るか。今、都下の窮民、産を破り多く一転して長坊《ナガマチ》の客と為る。長坊は日本橋の南に在り。乞児の群聚する所。菜色骨立、門前に乞ひ、市上に号《さけ》ぶ。児を樹蔭に棄つる者有り。身を橋下に投ずる者有り。母已に餓死して、懐中猶ほ乳を索《もと》むるの赤子有り。我が子は既に縊死して、佝僂《くる》八十、煢煢《けいけい》として依る所無きの老媼、吁吁《ああ》、廟堂人有り、是れ必ず訛言ならん。商都の繁昌の一方で、日々の糧にも事欠く貧民の様子を綴ることにも『繁昌詩』の紙数は費やされている。『繁昌詩』は必ずしも「繁昌繁華」のみを描いてはいない。こうした傾向は、例えば「十日蛭児」の項の詩において、「賽人《さいじん》数万　福を祈るに非ず、各自の嚢銭　福を抛ちて帰る」（賽銭や縁起物に金をかけ、福を投げ捨てているようなものとの意。）と詠じるように、繁昌の光景を些か冷笑的に客観視した叙述態度にもあらわれている。

『繁昌詩』巻頭の金峰の伝記によると、彼が十七歳の時に米価が暴騰し、右の文章にあるごとく窮民が大量に発生した。そこで金峰は、自分が門人から受け取った束脩（入門料）を貯めておいたものを、救援米を買うためにあてたという。前述の門人原田生の序文には、「間々世教《せいきょう》に関する者有り。覧者尋常の詩編を以て之を視ること勿かれ」との一節がある。金峰の『繁昌詩』は単なる詩集ではなく、世教すなわち儒教精神を現したものであるとの意である。本来、経済という語は「経世済民」（世を治め民を救う）の略であるから、儒者の立場で書かれた『繁昌詩』において、右で見てきたような言説が示されるのは、むしろ自然なことなのである。

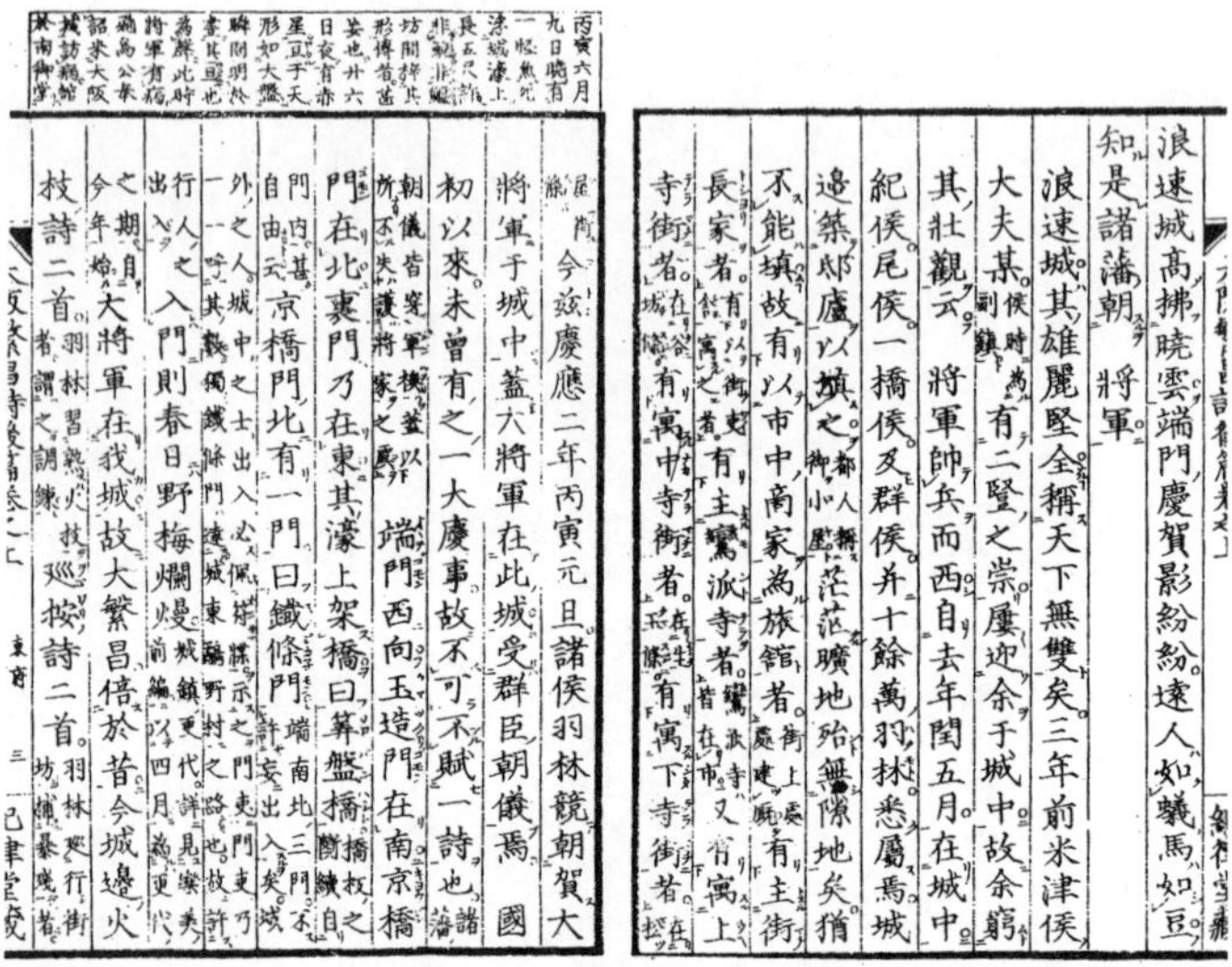
浪速城高拂暁雲端門慶賀影紛紛遠人如蟻馬如豆
知是諸藩朝將軍
浪速城其雄麗堅全稱天下無雙矣三年前米津侯
大夫某有二豎之祟屢迎余于城中故余窺
其壯觀云 將軍帥兵而西自去年閏五月在城中
紀侯尾侯一橋侯及群侯并十餘萬羽林悉屬焉城
邊築邸廬以塡之茫茫曠地殆無隙地矣猶
不能塡故有以市中商家為旅館者
長家者有主黌派寺者
寺街者有寓中寺街者有寓下寺街者

今茲慶應二年丙寅元旦諸侯羽林競朝賀大
將軍于城中蓋六將軍在此城受群臣朝儀焉 國
初以來未曾有之一大慶事故不可不賦一詩也
朝儀 端門西向玉造門在南京橋
門在北裏門乃在東其濠上架橋曰算盤橋
門内甚京橋門北有一門曰鐵條門
行人之入門則春日野梅爛熳
之期自今年始大將軍在我城故大繁昌倍於昔今城邊火
技詩二首

『大阪繁昌詩後編』(架蔵)

四 『大阪繁昌詩後編』

金峰の『大阪繁昌詩』の後を承けて、華城の『大阪繁昌詩後編』(以下、適宜前編・後編と略称する。)が刊行されたのは慶応二年(一八六六)のことである。父が子の著述の後編を著すことを奇異に感ずる者もあったらしく、華城は後編の自序に以下のように記して反駁している。

或、嘲て曰く、子にして其の父の為に後編を著す者之れ有り。未だ父にして其の子の為に之を作る者は有らず。予の曰く、否、之れ有り、我、之を證せん。昔、班固《はんご》、漢書《かんじょ》を著して卒す。其の父彪《ひゅう》、史記を采り、其の詳ならざる所を補ふ。我も亦班家の例に倣ひ、亡児の未だ言はざる所を述るなり。或は首を掻き、唯唯として退く。

後編は前編と同じく三巻三冊。大阪の名所に因んだ七言絶句（九十九首）に考証記事を添えるという体裁も前編を踏襲している。しかしながら、その内容を前編と比較して読むと、かなり性格の異なる部分も見受けられる。まず、前編と同様、後編の題目の配列を以下に示そう。

●巻之上

仁徳台　附浪速難波大阪弁／浪速城　附講武所巡邏詩／東府《ヒガシヤクショ》附天満与力并同心二吏／城内弁天祠／杉山／森宮　附蓮如上人松／玉造　附唐弓弦清水谷／二軒茶屋　附深江笠／真田山　附青麻三光宮／円珠庵　附鎌八幡守夜神／舂餅寺《モチツキテラ》　附伝光寺白狸塚／小橋茶毘《オバセノヤキバ》／味原宮《アジハラノミヤ》　附白狐祠天真井／野中観音附淹墨地蔵／上野宮　附相生松／鶴橋　附河童／大勝山《ヲカツヤマ》　附凱歌扇詩／舎利寺　附三十三所観音／平野附含翠堂／桑津　附新糕《シンコ》／国分寺　附聖武塔古石盥除雷観音／梅荘　附楓寺松刹蛇阪／生玉　附北郷八幡源正寺阪馬場崎／高津　附上小竹葉野《アゲコサヽバノ》／焼頬地蔵《ホヤケ》　附大仙寺張瑞図画竹／妙寿寺　附備台覧事／南瓦屋町　附野漠／藤棚観音　附宝泉寺／朝日神明　附古林見宜伝／聚楽《ジュラク》街　附愛宕井／代官邸　附常是邸／茶湯《ヲチヤトノ》地蔵　附諸奉行城与力并同心大石良雄手栽松向地蔵仏躄《イザリ》松／西府《ニシヤクシヨ》　附水湾妖鼈縲邸《ロウヤシキ》　思案橋／平野街神明　附天野屋某宅／八軒屋　附紀州倉邸／京橋　附野崎観音左専道不動守口佐太／母恩寺附綿帽／崇禅寺馬場　附遠城安藤二子事／柴島《クニシマ》　附村名弁／瑞光寺　附江口／本荘　附八枝松《ハチホンマツ》／源光寺附権現松敷綱祠／大融寺《（ママ）》　附不動寺眼神《メカミ》八幡刻日《ヒキリノ》地蔵／夕日神明　附露天神紅梅枝《ムメカヘ》老松丁《ヲイマツチヨフ》／北新地　附

配列に関しての前編との最大の相違は、歳時・年中行事が折り込まれていない点である。華城自らが記した序文には、以下のような説明が見られる。

此の巻は摂津名所本の誤を正し、摂津名所本の載せざる所を詳かにす。名所本は道路方隅、順ならざる者多し。源八より福嶋に至り、眼八幡より田《た》蓑橋《みのばし》に至る等、枚挙すべからず。我は尽く之を順にす。遠国の人、此の巻を提ぐれば、則ち独遊するに嚮導者を待たず。

詩に添えられる文章中でも、頻りに『摂津名所図会《せっつめいしょずえ》』や『蘆分船《あしわけぶね》』など先行の地理書の記述を糾すなど、概して後編は、より地誌に庶い性格を備えているといえよう。

五　前編と後編の比較〈新町〉

さて、内容面において前編と後編が大きく異なっているのは、遊里色街など歓楽の巷に関する記述である。そもそも『大阪繁昌詩』のような種類の書物には華城金峰父子以前に先例があるのであって、その代表的なものは天保三年（一八三二）に初編が出た寺門静軒《てらかどせいけん》の『江戸繁昌記《えどはんじょうき》』と同八年（一八三七）に刊行された中島棕隠《なかじまそういん》の『都繁昌記《みやこはんじょうき》』である。著者の静軒と棕隠は、ともに儒者ではあるが、むしろ詩文を以て後世に名を遺した人である。静軒は水戸藩への仕官の希望が叶わない憤懣から自らを「無用の人」と称して『江戸繁昌記』を綴り、棕隠は『都繁昌記』の紙数の大半を「乞食」、「担尿漢《セウベントリ》」というような、むしろ「不繁昌」の面の記述に費やすなど、両者とも些か屈折した部分のある作品である。いずれにしても、都市の繁昌を描くということは、同時に都市の暗部や、遊里・芝居小屋などのいわゆる悪場所にも目を向けるということであって、特に静軒の『江戸繁昌記』では、初編巻頭の三項目が「相撲」・「吉原」・「戯場」となっている。その他、本所深川《ほんじょふかがわ》などの岡場所の記述もあり、「敗俗の書」として奉行所の取締りを受ける原因ともなった。

一方、右のような繁昌記類よりも早く、その土地の風俗や、それを背景とした男女の交情を主題とする七言絶句の漢詩が盛んに作られた。これは、竹枝《ちくし》という形式の漢詩で、その起源は中国唐代の劉禹錫《りゅううしゃく》という詩人の作にまで遡る。もとは土俗の民謡的な内容であったものが、江戸後期の日本においては、江戸の吉原を詠じる市河寛斎《いちかわかんさい》の『北里歌《ほくりか》』が天明八年（一七八八）に出版され、次いで柏木如亭《かしわぎじょてい》の『吉原詞《よしわらし》』、菊池五山《きくちござん》の『深川竹枝《ふかがわちくし》』などが作られたことにより、都市の遊里の繁華を詠じるものが竹枝の主流となってゆく。その中の一つである中島棕隠の『鴨東四時詞《おうとうしじし》』（文化十一年／一八一四刊行）は、京都鴨川東畔祇園界隈の茶屋町や芝居町の四季の景況を描いたものであり、その増訂版である『鴨東四時雑咏《おうとうしじざつえい》』（文政九年／一八二六刊行）には、一首ごとに「自注」として解説の文章が添えられている。形式の面において、『大阪繁昌詩』（特に前編）に最も近い先行作品であるといえよう。

つまり『大阪繁昌詩』という書は、ともに江戸時代末期に流行した文学形式である「繁昌記」と「竹枝」の両方の要素を兼ね備えているのである。そして、そのいずれもが、遊里を題材とすることが多い。そこで、京の島原、江戸の吉原とともに公許の遊廓であった新町に関する記述により、前編と後編を比較してみよう。

まず、前編中巻の「新町橋《しんまちばし》」の項は以下の如くである。

　　蝶蟮楼頭《ウナギノカバヤキヤ》　帘影《れんえい》斜なり
　　春江一脉《いちみやく》　嬌花を売る
　　阿儂　橋西の路を歩むに懶《ものう》し
　　多くは巫山《ふざん》雲雨の家有り

新町橋は、一名瓢簞橋《ひょうたんばし》。順慶坊《じゅんけいまち》の西、四橋《よつばし》の北に在り。橋上白醪黄児《シロサケキナコモチ》、苞蘆鶻飯《スシコハメシ》の諸店、燈火橋下の水を射て、水光錦を織るが如く然り。別に一店有り。黒方《クロアンド》登白文字《シロイモジ》、題して長命丸《ちょうめいがん》と曰ふ。噫《ああ》、浅学の十六童、未だ何の病に用ゐることを知らず。此の薬、害有りて功無くれば、則ち短命丸。尤も之を禁ずべし。橋西に門有り。都人、之を新町の大門と称す。門内に煙華の山有り。糸肉の海有り。凡そ父母に事《つか》ふる者は、此の山に登りて迷ふこと莫れ。此の海に泛んで溺るること莫れ。

遊廓である新町の入口には、長命丸という媚薬の一種が売られていた。金峰自身が廓での遊びをどの程度知っていたかは知る由もないが、この「新町橋」の項が「孝子は斯様の巷に近づくでない」との道学先生めいた言辞で結ばれていることは確かである。

一方、後編の叙述はどのようなものであったのか。中巻「新町」の項の詩は以下の通りである。

　　五月五日錦繡の寰

嬌行嬌笑　玉仙山
痴情　看るに天朝の想を作す
三十六宮　聖顔を怡《よろこ》ばす

この詩では、新町を三十六宮を擁する漢の宮廷にたとえており、遊女の笑みは仙女のそれであるかのごとしと賞美している。前述の『江戸繁昌記』にも、吉原の遊女を仙女にたとえた記述があり、この種の作品における常套的な叙述であった。詩に続く文章の方は、かなり詳細にわたるもので、新町の位置、歴史、遊女の格付などから、当時の現況までが記されている。

公許の廓である新町は、他の色街よりも格が高く、それだけに遊興費も高く、最高位の大夫《たゆう》と遊ぶ客は大尽に限られる。そうした客は、単に遊女と一夜をともにするのではなく、まず仲居や幇間を挙げて、音曲や舞踊を楽しむものであった。以下の記述のごとくである。

曲、了《おわ》れば、乾娘《ナカイ》と幇間《タイコモチ》と斉しく狂声して曰く、好好と。衆妓、客に向ひて、皆揖す。客、算勝《カミイレ》を探り生を出して席上に散らす。一一帋《かみ》に封して之を与ふ。是を花と称す。杯盤狼藉、東方将に白まんとするに、群妓幇間、辞し散ず。而る後に、大夫、鴛鴦の枕を勧め、合歓の衾を共にす。客、酔魂飄飄、温柔の郷に入る。誠に巫山神女の想を為す。

後編は「新町」の次に「店附《みせつき》」という標題で、見世付女郎と称される下級の女郎に関して記述している。大夫や天神などの高級遊女が客の指名により揚屋《あげや》へ出向くのとは異なり、見世付女郎は置屋《おきや》で直接客を取る。華城はその様子を次のように記している。

新街の東門、幾箇の娼館、夜夜紙障《ショウジ》を開き銀燈を照らし、群娼、粧を凝らし金襖《キンノフスマ》を背に列坐する者を店附と称す。店附は上に見ゆ。蓋し肆前に客を迎へ春を売るの謂。其の娼、十四五なる者有り。是れ振袖《フリソデ》と称す。二十一二なる者有り。是れ中詰《チュツメ》と称す。二十八九なる者有り。是れ年間《トシマ》と称す。群玉の山、万花の海、我が目前に現る。仙女の林、神姫の叢、我が心中を揺がす。然れども、金を擲ち歓を買ひ、以て半時の妾と成し、一宵の妻に当てんと欲する者は、多く田舎児のみ、無頼漢のみ。（中略）去年慶応紀元より、街上往来、双剣の客、至りて多し。故に大阪の大繁昌、昔に倍す。夜夜、玉山花海に嘯き、仙林神叢に投ずる者、雑紛群聚す。

こうした下級女郎を買う客は、華城の言葉によれば田舎者や無頼漢、また幕末の騒乱の影響で俄かに大阪の街に増えてきた武士達も上客であったらしい。そうした客の一人が、一夜の歓楽を求める様子が詳細に叙述されている。

一客の曰く、「是れ四時零《しぼ》れざるの百花、吾、一枝を折らざるべからず。是れ毎夜人を度するの諸仏、吾、一像を拝せざるべからず」と。乃ち、引子、之を聞き客に謂ひて曰く、「一枝一像、唯ゝ君の欲する所のままなり」と。客、一娼を指し、且つ耳語して曰く、「折らんと欲し拝せんと欲する者、是れのみ」と。引子。客を誘ひて楼に上らしむ。楼、八方燈を擎《かか》げ、小房無数。小女奴、客を一房中に導く。隣房、低話する者有り。悲泣する者有り。娼。金を乞ふ《ムシンイフ》者有り。唾壺《ハイフキ》を撃つ《タヽク》者有り。双睡中、囈語《げいご》する者有り。衾裡、娼の背を撫して相戯る者有り。客、房中に坐し、之を聞き煙を吹くこと二三管。淡煙模糊、娼、便服して来る。客、殆ど、返魂香裡、李夫人出現するの想を為す。煙、漸く消え、坐、稍〻定まる。客、愕《おど》きて曰く、「嗟乎、汝は嚮《さき》の吾が指頭の娼に非ず。汝の頸に紀州を発し、邦俗、瘰癧を紀州と称す。汝の手に肥前を出す。邦俗、疥癬を肥前と称す。去れよ去れよ」と。急に掌を撃ちて、引子を呼びて曰く、「非なり《チガフタ》」と。引子の曰く、「君は其れ短視《チカメ》か。将《は》た重聴《ミヽガトオイ》か。我、謹んで耳語中の人を价す」と。怫然として退く。

客引きと交渉して相手を決め、楼中の一部屋に案内されたまではよかったが、現れた女を見ると全く違っていたという話である。客引きを呼んで抗議してみても、一向に取りあわない。

娼、首を低《た》れ襟を正して、竊《ひそか》に唾を以て両眼を湿《しめ》す。泣きて曰く、「妾、嘗て狎郎有り。美にして粋。都下、風姿の頗る瀟灑なる者を粋と称す。堅く比翼双棲の約を結ぶ。故有りて帰藩す。帰後、半字の問無し。遂に花風《コイヤマイ》より此の疾を招く。今、尊容を拝するに、美にして且つ粋なること、殆ど狎郎に似たり。妾、忽ち再遇の喜を為す。妾の疾は、震旦《しんたん》の扁鵲《へんじゃく》、天竺《てんじく》の耆婆《ぎば》も何ぞ癒すを得ん。今夜、君の側に侍臥するを獲《う》れば、妾疾癒ゆ」と。輒ち客の膝上に伏して双涙を拭ふ。巾に唾して眼を掩ふ。客、是に於て、身体綿と成り、心腸飴と変す。戟《げき》を磨きて以て一戦せんと欲す。一戦後、其の功に因りて、五十万石《キシウ》、若しくは三十六万石《ヒゼン》の提封を受く。

このように、色街の景況をつぶさに描くことは、金峰の前編には見られない傾向である。そもそも、繊弱多病で夭折した少年詩人の作品に、遊里内の詳密な描写を求めるのは些か無理があるかもしれない。後編の華城の序文に、「予が後編は乃ち冗長拙劣、故に或は戯場・或は青楼、間々褻謔猥雑を吐くこと有り」という一節があるが、前編と後編のいずれが優劣という問題ではなく、後編が花柳の巷に多く筆を費やすことにより、前編のやや淡泊な叙述を補完していると見るべきではなかろうか。

六　前編と後編の比較〈天保山〉

『大阪繁昌詩』の前編と後編は三年の間を置いて刊行されている。この間、薩長両藩を中心に倒幕と攘夷をめぐる騒乱が相次ぎ、世上はいよいよ不安定であった。前後編ともに収められる「天保山《てんぽうざん》」の項は、そうした状況を反映して、前後三年の差でかなり様相の異なる記事となっている。

まず、前編の詩と文は以下のようなものである。

遠峰恰《あたか》も陶　盤《ヤキモノ、ハチ》に在るに似たり
長く廻風を帯びて海端に枕す
樹木は是れ苔　人は是れ蟻
何人か仮山《ハチヤマ》の看を作さざらん

天保山は瑞山《ずいざん》の西に在り。天保二年、大いに大阪の諸川を浚《さら》へ、此に土沙を運して、以て山を作る故に名づく。春日には妓を載する船、絃歌沸起、綺服錦　襴《キレイナオビ》芳草に坐し、以て銀觴を洗ひ、赤鬣《タイ》を

膾にす。日脚の却て短きを恨み、魯氏の戈《ロヨウコウノホコ》、平家の箑《キヨモリノアフギ》を仮りて曛影を虞淵に麾《さしまね》かんと欲す。秋日には鯊《ハゼ》を釣るの船、酔客喧嘈、餌を投じ綸《いと》を垂れ、一釣一盃す。夕陽既に没し、海風面《おもて》を吹く。彼の澪標《ミヲツクシ》を指して、澪標は巻の下、木津川の条に見ゆ。明月に棹して帰る。

天保二年（一八三一）に、大阪の川底の浚渫で生じた土砂を安治川の河口へ運んで造った人工の山が天保山である。港を出入りする船の目印となったので「目標山《めじるしやま》」とも称したという。当時のこの辺りは西郊の行楽地として賑わった。右の文章にも、何とも穏やかな春秋の舟遊びの景が綴られている。しかし、華城の後編の記述を見ると、金峰の没した直後あたりから、天保山界隈にも俄かに不穏な空気が漂いはじめたらしい。

天保年中　浪に駕して開く
市人簣《あじか》を覆す小崔嵬《さいかい》
誰か知らん酒を携へ舩を艤する処
無用の山は有用の台と為るを

第二句の「簣」は土を運ぶ竹かご。「崔嵬」は山の意で、ここまで天保山の成り立ちを説く。第三句で転じて、「無用」の行楽地であった天保山が、世の中に「有用」になったと詠じる。ここでいう「有用」とは、天下国家のために役立つという意味であり、娯楽観光の場としての山ならば「無用」なのである。「有用の台」とは何かといえば、これは「台場」の「台」、すなわち砲台である。欧米列強の艦隊との有事に備え、安治川口の天保山界隈に砲台を置いたのであるが、その様子は後編の記事に詳しく綴られている。

天保山は、楽美の前編に見ゆ。瑞見山《ずいけんやま》の西に在り。瑞見山より天保山に至るまで、湊屋《みなとや》、石田《いしだ》、田中、八幡屋《やはたや》の諸新田有り。長堤、東は則ち茅屋稠密、西は則ち碧水迅流。又、黄櫨林有り。近年、処処に小関を建つ。郡山の藩士、之を護し、村人に非ざれば輒ち往来するを許さず。燈楼、旧に仍て大海に面す。是れ廃せず。住吉小廟、最も高き丘に在り。東南に向く。又、廃せず。処処に新しき小橋を架す。行軍に便にす。桜を栽え松を植え、竹を茂らせ草を蔓らせ、山間高低屈曲、都下群遊の処、もと太平橋は太平の観有り。破壊して以て平場と成して、砲台を列《つら》ぬ。砲を列ぬること八十余、西より東に至る。

この記述によると、天保山周辺は高低差がある入り組んだ地形であったのが、砲台を置くために平坦にしてしまったという。その警備管理には郡山藩が当たっていたというが、華城の縁戚に郡山の藩士がいたので、一般人の往来が禁止された界隈にも立ち入ることができたらしい。

これより先、安政元年（一八五四）の秋に、プチャーチンのロシア船が水や食料の補給を求めて、天保山沖に停泊したことがあった。ペリーの浦賀来航の翌年のことでもあり、大阪の市中では相当の騒ぎになったという。華城はその折に作った詩を、「往年、魯西亜船《ヲロシヤフネ》、天保山に泊す。余、此の時、鄂羅斯《ヲロシヤ》船行の七言古詩を作る。今、之に附録す」として掲げている。「安政元年九月の秋、天保山前巨舟を泊す」に始まる長詩の結び八行は以下のごとくである。

嗚呼汝聞かずや皇邦開闢より天猷を建て
三箇の神器旧金甌
又聞かずや胡元我を伺ひて永く羞を遺し
十万の精兵　蹊蹂を被る
汝の土　富饒なる他に求むる所あらんや
海外に出ず宜しく優游すべし
苞米拝受すれば淹留すること勿れ
帰りて我が語を汝の酋に告げよ

華城の尊王攘夷の思想をうかがわせる一節である。このように、三年を隔てた前編と後編が天保山に関して大きく異なる記述をしていることは、竹枝や繁昌記という作品が、時代の現況を如実に反映するものであることを示すものといえよう。

七　『日本復古詩』

とかくするうちに、華城は慶応四年（一八六八）明治改元の年を迎えることになる。この年の華城の行状については、明治三年（一八七〇）に刊行された『日本復古詩』という書により知ることができる。自ら記した「日本復古詩の引」には以下のようにある。

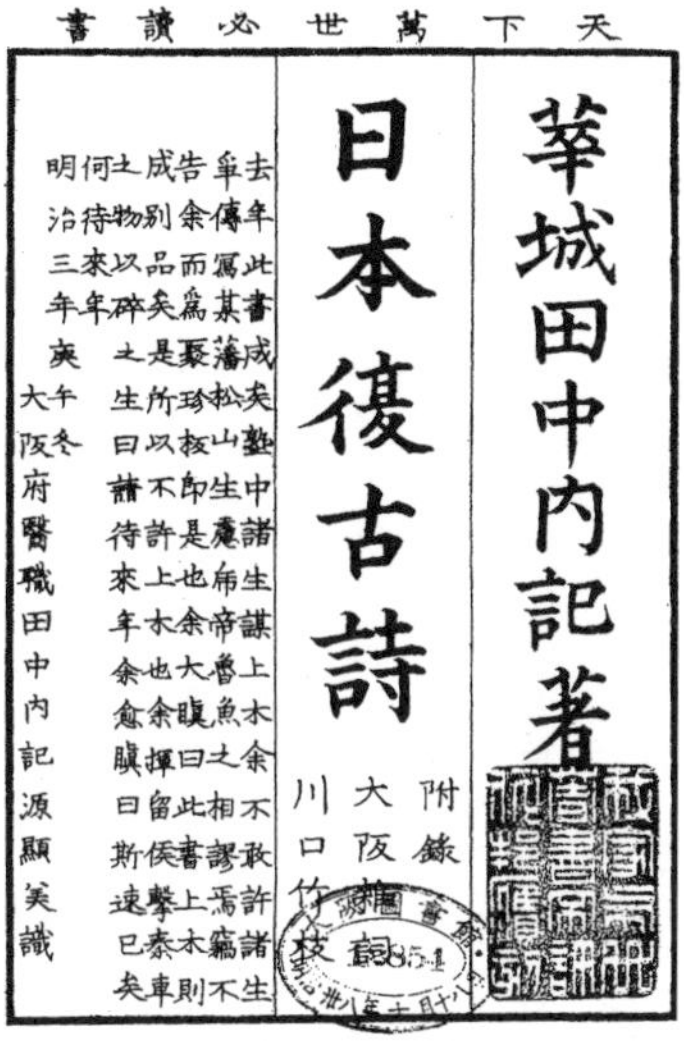
天下萬世必讀書

華城田中内記著

日本復古詩

附錄
大阪
川口竹枝

去年此書成矣塾中諸生謀上木余不敢許諸生
皋傳寫其藩松山生龐甫帝魯魚之相謬焉竊不
告余而爲聚珍板即是也余大朧曰此書上木則
成別品矣是所以不許上木也余揮留俟擊泰車
土物以碎之生曰請待來年余愈朧曰斯速已矣
何待來年
明治三年庚午冬
大阪府醫職田中内記源顯美識

『日本復古詩』
（大阪府立中之島図書館蔵）

今茲慶応四年戊辰、改めて明治紀元と為す。蓋し王政一新の皇徳聖威なり。（中略）去冬より、神符仏像及び金銀種種の物、空中より降る。或いは窓前庭上に投じ、降るが若く投ぐるが若く、則ち其の家、壇を設け祭を催し、筵を張り客を饗す。男女と老少との論無く、皆、錦衣繍裳、画巾彩帯、而して踏歌抃舞、悉《ことごと》く好哉好哉と称《とな》へ、以て街上に群遊簇歩す。新春に至るも、猶ほ未だ已《や》まず。

余、其の喧熱閙氛に堪へず。

ここには、伊勢神宮の御札が天から降ったとの噂に端を発した「ええじゃないか」と称される群衆の狂乱の様子が描かれている。華城はこの騒動を冷静に捉え、以下のように述べている。

余、歴史を閲するに、漢の恵帝末年、宮中、黄金黒錫雨《ふ》らす。呂后三年、秦中粟雨らす。（中略）皆、是れ天地気運已に動き、預め変革の事状を示すなり。歴史の記載する所、枚挙遑《いとま》あらず。今、神符仏像亦た然り。蓋し皇天后土、王政一新、幕府退職の兆を示すなり。男女踏歌抃舞、狂ふが如きも、亦た和漢両史、間ゝ之を載す。亦た一新一起の変なり。然れば則ち今日在り。実に皇国一新の詩を賦し、以て長く諸《これ》を海内海外に伝ふこと無かるべからざるなり。乃ち此編を以て権輿と為し、行《ゆく》ゝ《ゆく》二編を著さんとす。余、少小より和漢群史を読むを嗜み、好く其の成敗存亡を論じ、以て其の時の事蹟を熟察す。今日、眼前の治乱興廃を観て、是れを以て一一之に詩す。嗚呼、後世天下を患ふの士、必ず我が詩を誦して、其の気節を励し其の感慨を発する者の出るの有らんことを。

『日本復古詩』(二巻二冊)は、その標題の通り王政復古を称える内容の詩集である。華城自身が戊辰の年に作った百一首の詩に加え、先帝(孝明天皇《こうめいてんのう》)御製の歌五首と、梁川星巌《やながわせいがん》、橋本左内《はしもとさない》、頼三樹三郎《らいみきさぶろう》などの勤王殉国者たちの詩三十九首が収められている。

華城の詩の中で目を引くのは、「戊辰の乱に遇ひ古風一篇を賦す」と題された五言の長編である。

徳川内府公　京に在りて勢　最も隆
羽翼腹心の者　会桑両藩雄なり
一朝将職を辞し　逃れて阪城中に入る
臘末　肝胆を砕き　年窮まり謀亦た窮まる
尾藩老侯至る　老侯　明且つ聰
慇懃　宸命を伝ふ　皇旨　甚だ温融
因循　命を奉ぜず　麾下　皆雷同す
越て戊辰の春に及び　三日群臣に命ず

甲を擐《つらぬ》き大砲を引き　　意外紫宸に逼《せま》る
防戦するは長と薩と　　兵を用をること速にして神
一戦　鳥羽の道　　阪兵　忽ち逡巡す
二戦　伏見の里　　阪兵　已に振はず
三戦　橋本の駅　　阪兵　潰るること塵に似たり
甲を棄て兵を引き走る　　風声　鶴唳　頻なり
況んや又　官軍到り　　遽かに戈を倒す人有り
阪城　遂に支へ難く　　敗兵　為す有らんと欲す
都人　急に乱を避け　　財を担《かつ》ぎ街上を馳す
前年　会藩士　　砲を放ち京師を燼す
此の暴挙を聞くに由りて　　亦た此の厄の罹《かか》るを恐る
市中　昼　夜の如く　　狼狽且つ狐疑す
山妻頻りに我に勧む　　都市速やかに辞すべしと
上に八十の母有り　　下に六歳の児有り
母や耄語を吐き　　児や遊嬉を作す
老情　変を察する無く　　穉心　何ぞ悲を解せん

一家是れ窮猿　林中論ずべからず
河内平岡廟　大和郡山藩
二族懇《ねんご》ろに迎へ至るも　路程の繁を奈何《いかん》せん
板輿と掌玉と　暫く矢柄村に託す
堂上　生離別　数日　萱に陪せず
膝下　生離別　数夜　豚を撫でず
禍毒　誰を呼びて訴へん　涙を掩い涙屢〻《しばしば》呑む
人日　阪城陥《お》ち　公等　終に出奔す
城楼火俄かに起き　黒煙空際に昏《くら》し
延焼す焔硝庫　破裂　数理に喧《かまびす》し
屋瓦　多く堕落し　紙障　総《すべ》て傾翻す
阪城下に在るが為に　耳を洞し又魂を断つ
此の時北来の士　薩長威は噉の如し
勇烈　洋銃を肩にし　林を成し城畔に屯す
忽ち看る十日の暁　天より日月旛降る
一双　紅錦燿《かがや》き　爛爛　乾坤を照らす

征討大将軍　緋鎧　遥かに雲に映ず
簞食壺漿の思　大旱雲霓の分
公卿　前後に陪し　諸藩　護衛殷なり
精忠　勍敵を討ち　万古の勳を旌《あらわ》さんと欲す
関西大小侯　闕に伏し嘉猷を献ず
東海北陸道　勤王軍令稠《おお》し
公侯伯子男　先を争ひ降旆を掲ぐ
縦ひ海内の乱は平らぐも　猶ほ海外の憂は存す
知る是れ九重の裡《うち》　万種　宸愁を結びたまふを
吾　徒《いたづら》に囈語を吐く　世上聴くや否や
今日　豊氏起して　魁胆　皇州を護《まも》らしめん

この年、正月三日、大阪城の徳川慶喜を擁護していた幕兵と会津桑名藩兵が、薩摩藩討伐のために入京を試み、京都南郊で薩長軍と交戦した。いわゆる鳥羽伏見《とばふしみ》の戦である。結果は幕府軍の敗退に終り、その後、慶喜は江戸に帰還。戊辰戦争の発端となる。右の詩には、老母と孫を戦乱から避難させた苦労と、兵火を目の当たりにした驚愕が詠じられている。結びを「豊氏」すなわち秀吉の再来を期待する言辞で締括るあたり、前述の金峰の作と共通する点が興味深い。

八　父子の竹枝の比較

また、華城の『日本復古詩』には、附録として「大阪雑詞《おおさかざつし》三十首」、「川口竹枝《かわぐちちくし》十五首」の竹枝が収められる。いずれも当時の大阪の巷間の風俗を詠んだものであり、後者の「川口竹枝」は、川口の外国人居留地と、それに近接する松島の色街を舞台としたものである。そのうちの四首を以下に示そう。

〔第四首〕
一大港楼　郭門に臨む
楼尖獅子《ライヲヌ》　洋旛《フレギ》に映ず
近来　貯《たくわ》へ得たり東京の妓
淡粉　軽紅　是れ吉原

〔第五首〕
街を松島と名づけ万楼新たなり
外国群商　総て是れ賓
酔妓　喃喃《なんなん》　能く吻《くちさき》を沸し
巧みに蛮語を伝へ洋人と戯る

〔第六首〕

港《ハールバルベー》を出で砲声半天に鳴る
三檣《スリーマステドウエッスル》　煙黒　楼前を過ぐ
郎に別るるの情は急《せわ》しく蒸気《スチーム》の如し
姉は英船を送り妹は仏船

〔第十一首〕
浪速　倫敦《ロンドン》　蒸気飛ぶ
別来　尺素《レッタル》　一に何ぞ稀なる
郎を慕ひ泣きて写真鏡《フヲトグラナイ》に対するも
妾を憐れみ伝信機《テレガラフ》の無きを恨む

遊妓と客の交情を主題とするのは、他の遊里を舞台とした竹枝と変らないが、客を表す「郎」が「英郎」や「仏郎」となっており、外国人居留地に接する色街の特徴を示している。また、漢語に西洋語の傍訓を付するなど、巧みに時勢を取り入れた作品であるといえよう。明治元年に開港した大阪港は、地形的な問題もあって港湾設備が整わなかった。明治二年に八十九隻あった入船が、四年には半減、翌五年に築港計画が立案されるが結局実現せず、貿易の中心は神戸に傾く一方であったという。この竹枝が詠まれた頃は、大阪港での貿易の短い開花の季節であったのかもしれない。

ところで、金峰の方にも明治期に入ってから刊行された詩集がある。もちろん生前の作を集めたものではあるが、『金峰絶句類選』と題する二巻二冊の詩集で、明治七年（一八七四）十一月に上梓された。節序、贈答、図画、詠物など二十二の部立による七言絶句三百二首を収める集である。その中に「竹枝部」があり、唐代の李商隠《りしょういん》の「四時楽の諸篇」に擬したという「浪華四時楽」十二首が収められている。うち四首を以下に示す。

〔一月〕
紙鳶《しえん》は天に戻り毬《まり》は地に跳ねる
黄索青松　万家を護す
古咏当時の王博士
猶ほ開く仁徳廟前の花

〔四月〕
鉄錫は鏗然　梵貝は啼
草鞋　皆　着く大峰《おおみね》の泥
風流　別に奇を嗜む客有り
雲水寺中　水鶏を聞く
〈自注〉大峰は和州に在り。小角《おづぬ》を祭る。孟夏、都人、之に賽す。雲水寺は茶臼山の下に在り。

〔八月〕

北野の虫声　日暮に聞く
遊人　草を踏みて微醺を帯ぶ
忽ち知る彼岸節の方に到るを
円頓寺《えんとんじ》中　紫雲降《くだ》る
〈自注〉北野の円頓寺。年年胡枝《はぎ》の花、盛んに開く。

〔十二月〕
餅を舂《つ》き煤を除きて戸戸謳《うた》ふ
店前　客を迎へて市燈稠《おお》し
熊蛇　新春の祝を買はんと欲す
銀矢　金槌　五綵毬
〈自注〉都俗、子を生じ始めて新春を迎ふれば、大凡の智識の人、臘月預め贈りて以て迎春の祝帖を致す。男に贈るに小弓矢及び紙製の槌を以てし、女に贈るに毬を以てす。心斎橋順慶街、皆、之を売る。

華城の「川口竹枝」が専ら遊里の場景を描くのに対し、この金峰の竹枝は大阪の四季の風物を描くことを旨としている。『大阪繁昌詩』の前後編で見られた差異が、ここにも現れているのである。

『画本大阪新繁昌詩』（大阪府立中之島図書館蔵）

結び

最後にもう一つ、華城の詩集を紹介しておきたい。明治八年（一八七五）三月に刊行された『画本大阪新《がほんおおさかしん》繁昌詩《はんじょうし》』という書物である。これには『大阪繁昌詩』前後編のような文章は付されず、開化期の風俗を題材とした七言絶句四十首に岡島鳳洲による挿画が添えられている。その中の一首、「大阪病院（OSAKA HOSPITAL）」の図を添える詩は以下のようなものである。

昨は嗤《わら》ふ老衲《ボヲズ》の空理《ウソ》を談ずるを
今は喜ぶ神医の実功を現すを
無用一新　有用と為る
生を回し死を起こすは斯の中に在り

華城は文明開化が一世を風靡しても、医業においては漢方を守り妥協しなかったと伝えられる。その華城の目に西洋医学はどのように映っていたのか。右の詩の口吻のみからは、はかりかねるが、華城という人が新風物に敏感であったことを示す一首であることは確かである。

以上、華城金峰父子の著作を通して、幕末から維新期の大阪の都市文化の一斑を窺ってきた。取り上げた詩集のうち、特に『大阪繁昌詩』は明治に入っても再三後刷されるなど、かなり流布したにもかかわらず、今のところ一般の目に触れやすい形での複製や翻刻は行われていない。もとより本稿は、この時期の大阪の状況を網羅的に捉えたものではないが、先行の『江戸繁昌記』や『都繁昌記』等に比較すると埋もれている感のある『繁昌詩』の内容を、些かでも伝えることができれば幸いに思う。

〈参考文献〉

○『大阪繁昌詩』（文久三年刊）
○『大阪繁昌詩後編』（慶応二年刊）
○『日本復古詩』（明治三年刊）
○『金峰絶句類選』（明治七年十一月刊）
○『画本大阪新繁昌詩』（明治八年三月刊）
○石田誠太郎著『大阪人物誌』（昭和二年三月三十一日刊、復刻昭和四十九年八月五日刊、臨川書店）
○木村敬二郎編輯『稿本大阪訪碑録』浪速叢書第十（昭和四年五月十日刊）
○石濱純太郎著『浪華儒林傳』（昭和十七年八月十五日刊、全国書房）
○『草茅危言』（昭和十七年刊、懐徳堂記念会）

○『摂津名所図会大成』（昭和五十一年十月十八日刊、柳原書店）
○野間光辰解題『中島棕隠集』上方藝文叢刊六（昭和五十五年十月三十日刊）
○日野龍夫校注『江戸繁昌記　柳橋新誌』新日本古典文学体系一〇〇（平成元年十月三十日刊、岩波書店）
○管宗次著『京大坂の文人　幕末・明治』（平成三年七月十日刊、和泉書院）
○斎田作楽編『吉原詞集成』太平文庫二二（平成五年四月刊、太平書屋）
○鷲原知良「『大阪繁昌詩』の引用詩篇について」（「混沌」第十八号・平成六年十月二十六日刊、中尾松泉堂書店）
○鷲原知良「田中華城金峰竹枝小考」（「混沌」第十九号・平成七年十二月十六日刊、中尾松泉堂書店）
○新稲法子訓注『都繁昌記註解』太平文庫四一（平成十一年三月二十日刊、太平書屋）

Ⅱ

有賀長隣

種痘活動を助けた旧派名門歌人

管　宗次

有賀長隣肖像
(『明治現存続三十六歌選』明治18年 4 月刊)

有賀長隣 あるが・ちょうりん

文政元年（一八一八）六月十九日生まれ、明治三十九年（一九〇六）十一月一日没。細川幽斎《ほそかわゆうさい》にはじまる古今伝授を家学として、代々継承してきた有賀家五代目の当主で上方における堂上派地下歌人の指導者として活躍した。また、緒方洪庵《おがたこうあん》らの除痘の活動に協力し、多くの賛同者を得るのに力を尽した。幕末期にいちはやく時代の変遷を感じとり、長男をベルリン大学に留学させて国際法学者とし、次男は実業界に進ませるなど、明治期の日本近代化の人材を育てた人物でもある。

一　地下の歌人

和歌は日本の詩という形式のなかでは最も古い型をもつ定型詩で、しかも、歌、和歌、短歌と呼び名をかえつつも、日本人の心を述べる道具として最もポピュラーなものといえよう。時には、言語の持つ不思議さそのものともいえる和歌は、時代を超えて流れる日本人のかなしみやいとおしみの心そのものともいえよう。

ここで、紹介する有賀長隣《あるがちょうりん》は、長い和歌の歴史のなかで生まれてきた、和歌を詠む家、すなわち歌学の家の一つである有賀家の当主である。

森繁夫著『人物百談』（昭和十八年七月十五日刊、三宅書店）には「有賀長伯家の代々」として次のように記されている。

浪華歌壇を論じて逸すべからざるは、有賀一家の人々である。有賀家の祖は長伯であり、長因・長収・長基・長隣を経て、彼の国際法の権威者、文学博士法学博士長雄、其弟にして実業界の重鎮たりし長文に至るのである。

また、有賀家の歌道における地位と格式は他に並ぶ者の無いところで、京都における公家を除けば最古のものであった。これについても森繁夫『人物百談』で、

歌道系図は、堂上派以外には、羽倉春満を祖としそれから真淵、真淵から宣長及所謂江戸派の春海、

千蔭、また宣長から出た篤胤の一派、別に清水谷家から出た香川景樹、これ等を主なる流派とするのであるが、しかし、何れも年代から云へば其流祖は若いもので、独り大阪の有賀家は遠く足利期から、すなはち実隆・実枝から伝授が続いてをるので、地下の歌人としては外に其類がなく、伝統を尚ぶ当時に在ては、歌壇の誇りであつたのである。

とされている。

右の文中にいう真淵は賀茂真淵《かものまぶち》、宣長は本居宣長《もとおりのりなが》である。これに契沖《けいちゅう》と平田篤胤《あつたね》を加えると、いわゆる国学の四大人《うし》と称する。国学者の大先生であり、春海は村田春海《むらたはるみ》、千蔭は橘千蔭《たちばなのちかげ》で、江戸にあった国学の大家で、春海の方は『琴後集《ことじりしゅう》』という歌文集で名高く、千蔭は『万葉集略解《まんようしゅうりゃくげ》』の著者としても知られているし、千蔭流といわれるほどの仮名書きの上手で、当時上流の婦人は皆、きそって千蔭自筆の仮名書きの手本を高値で購入しては、書道の手本とした。

では、ここでいう有賀家の学統の筋についてを述べていくこととしよう。京都の冷泉家は和歌の家、歌学の家として名高いが、これは冷泉家が堂上衆であったということと深くかかわっている。江戸時代末まで、華族という言葉も、公家すべてをさしていう言葉ではなく、華族とは公家のなかでも摂関家に次ぐ公家衆をさしていったことであり、転法輪三条家、今出川家、大炊御門《おおいみかど》家、花山院家、徳大寺家、西園寺家、久我家の七家、のちに醍醐家、広幡家を加えた九家をさしていう。また、堂上衆というのは昇殿位のある公家のみをさすことばで、これにあたらぬ下級の公家（六位・七位以下）は地下《ぢげ》官人《かんじん》という。さらに無位無官の者は地下《ぢげ》という。わざわざ、堂上衆は「どうじょうしゅう」と濁ってはよまず、「とうしょうしゅう」と清音でよみ、地下は「ぢげ」と濁ってよむのも、公家が自らの身分を誇ってのことという。冷泉家も幕末の動乱期と明治の革新期には冷泉為紀《れいぜいためのり》という傑物が現われて、神前結婚を考案するなど（『芸術新潮』一九九七年九月号、「冷泉家サバイバル800年」）の新時代のプランナーであり、なおかつ伝統保持者としての自覚を持って時代を生きた。本稿であげる有賀家も有賀長隣という人が現われ地下の和歌宗匠の家として室町期の中世歌学を保持しながらも新時代に敏感に反応して、緒方洪庵の除痘館の活動を助けたり、二人の息子は、いかにも新時代にふさわしく、その進路を定めさせ、一人は当時権威の法博士、一人は経済界に進ませて明治という時代を担う人材としている。

二　有賀家の歌学

先に述べたように有賀家は地下の歌人の名門家であった。その大略をあげると次のようなものである。有賀家は、有賀長伯《ちょうはく》を祖とする。長伯は寛文元年（一六六一）生まれ、元文二年（一七三七）六月二日、七十七歳をもって没した。もと肥後の人で、京都に上り、平間《ひらま》長雅《ちょうが》の門人となった。

平間長雅は、宝永七年（一七一〇）七月二十九日没、享年七十五歳。日野《ひの》弘資《ひろすけ》の門人でもあったが、望月長孝に教えを受けること三十年、延宝九年（一六八一）に長孝が没するにおよび、古今集などの伝書をその歌学と共に長雅が継承することとなったため、一時は京大阪の地下歌壇の中心的存在となった。

次に歌集にみえる和歌を抜き出してあげる。

横川　　　　長雅　（『近世名所歌集』初編）

あけぬとて更に御法の声す也雪の横川の杉の下庵

その平間長雅の師が、望月長孝《もちづきちょうこう》である。望月長孝は長好ともいうが、はじめ長好、後に長孝と自ら改めたという。元和五年（一六一九）生まれ、天和元年（一六八一）三月十五日没、享年六十三歳。号を水蛙・広沢隠士・小狭野屋翁とも称した。万治元年（一六五八）に隠棲生活に入り、歌学研究と門人指導は晩年まで熱心に続いたという。

さて、後に、長孝の歌集は、有賀家の当主となった有賀長収によって編まれ、『桂雲集類題』天明元年刊（一七八一）に出版されている。集中より、長孝の和歌を抜き出して次にあげる。

白川に住れける頃長雅もとにて

のがれ住宿は都の白川もうき世に遠き秋風ぞ吹《（ふく）》

能因の古歌をもとにして詠んだ一首であるが、なかなかに洒脱な歌といえよう。

定家卿の影供におなし心（十五夜月）を

天の原秋こそ月のこよひともいふばかりなる影やみすらん

そして長孝の師が松永貞徳《まつながていとく》である。松永貞徳は元亀二年（一五七一）京都に生まれ、承応二年（一六五三）十一月十五日京都に没した。松永氏、幼名は小熊、名は勝熊《しょうゆう》、音を通わせて逍遊、松友、逍遊軒、頌友と号した。別号に長頭丸、明心、延陀丸、延陀王丸、保童丸、宝幡丸などがある。貞徳の学問的遍歴を知ることができる『戴恩記』には「師の数五十余人」といい、それらの内には、九条稙通、里村紹巴、中院通勝などなど細川幽斎以外にも当時一流の人々で、特に幽斎が没するまでその傍をはなれることはなかった。身分がひくかったために正式の古今伝授は授けられなかったというが、古今集の幽斎による講義を聴聞し、その奥儀は極めたとされている。

その貞徳の師にあたるのが細川幽斎《ほそかわゆうさい》である。幽斎は戦国時代末期の大名で、本名を藤孝《ふじたか》、別号を玄旨《げんし》ともいう。天文三年（一五三四）生まれ、慶長十五年（一六一〇）八月二十日没、享年七十七歳。足利将軍家に近仕して、行動を将軍と共にするうちは、連歌を宗養《そうよう》に学び、三条西実枝《さねき》に師事し、元亀三年（一五七二）から天正三年（一五七五）にかけて古今伝授を受けたとされている。この細川幽斎こそ古今伝授の大成者とされている。

こうした、古今伝授の学統からいうと、実に血統の良い家柄の、筋目の正しい継承を受けていたのが有賀長伯ということになる。

有賀長伯は、こうして二条派の歌学の地下の歌人として立ったわけであるが、ちょうど時代の要請に応える形で次々と多くの著述を世に送り出すことになった。長伯の著述は大変に多く、『国書総目録』をみると、二十八点もの編著・著述などがあげられている。

特に、長伯の著わしたものは、和歌作法書に類するものが多く、和歌へ志す人々への入門書的なものから、実際の歌会へ出会する折に便利なものが多かった。
例えば、有賀家の七部書と称されるものがあって、その書名は次の如くである。

○『和歌世々の栞』
○『初学和歌式』
○『浜の真砂《まさご》』
○『和歌八重垣』
○『歌林雑木抄』
○『和歌分類』
○『和歌麓《ふもと》の塵《ちり》』

これらは、松尾芭蕉の七部書に倣《なら》い、それが俳諧であるに対して、和歌であることで対したものである。非常に段階的で、なおかつ啓蒙的なレベルからの学力を積みあげていく配慮がなされている。こうしたことが、細川幽斎からの歌学を継承しているという、いわば金看板を持ちながら、多くの人々を対象とする大衆性で多くの門人の獲得するという江戸時代の和歌宗匠にふさわしい条件を自ら展開していったことが察せられよう。

他にも、有賀長伯は伊勢の中西信慶《のぶよし》に元禄九年（一六九六）五月十九日、三十六歳の時、入門している。この中西信慶は万葉集の研究で大きな業績を残した契沖と交流があったことがわかっているので、あるいは長伯も契沖とはなにか関わりがあったかもしれない。

江戸時代の初期、文学や医学などの学問・芸術は、京都が最新とされ、京都出身、京都で学んだというと、地方へ行っても幅がきいた。例えば、仮名草子で『竹斎』という小説は、そういった当時の事情を反映して滑稽ばなしとして書かれたものだが、京都（都）ではやらぬヤブ医者が東下りをすれば、なんとか喰っていける様がみえている。逆に武道・武芸は、関東の方が強いと思われていたので、西国生まれであるのに宮本武蔵が武蔵などと名乗ることで、自らのイメージをアップしようとしたなど、そのよい例である。

京都は、歌道の本場であるが、そのなかで公家でもない、ただの地下の有賀長伯が一流の歌人として認められたのは、学統もさることながら、その実力が認められたからに他ならないであろう。

また、有賀長伯は京都に比して、まだまだ文化の後進地とされていた大阪に、こまめに出張に及んだようで、正徳六年（一七一六）に、京都から大阪への旅の記録があるといい、正徳六年三月の末頃からの阿波までの大旅行の折にも大阪の大富豪である羽間重義《はざましげよし》を訪れている。これも、出張先で歌会を催し、有力な門人をさらに多く獲得するための最も有効な和歌宗匠の活動であるが、松尾芭蕉のいくつもの大旅行も、門人獲得という仕事が文芸境地を高めるためと共にあったことを思いあわせると、江戸時代における歌人俳人の旅というものの一つの形が見えてくる。

長伯の和歌を次に数首あげておくこととする。

年内立春
春くれど日かずのまつにとしはまたかすみ空にやくれのこるらむ
野遊
さくらさく山ぢわすれてけふもまた都はのべのはるにくらしつ
夕立
なには江やあしの葉におく露のまにうら遠くなる夕立の雲
早秋
白玉かなにはほり江にあきゝぬと露をふきしくあしのうらかぜ
残雁
おくれくるそらはしぐれの雲間より夕日をおひておつるかりがね

三　堂上派地下歌人有賀家の代々

前章の如く、有賀家は長伯をその祖とするわけであるが、これから連綿として、実子や継子が歌学を継いでいき、やがて歌学は家学となっていく。これは、現代も続く茶道や華道の多くの大きな流派がそうであるように伝授という形式をとって、一子《いっし》相伝《そうでん》などとするため、父から子へと学問なり芸術なりの奥儀秘伝が伝わることとなり、血脈と称して守りながらも、その実は他家への学問芸術と弟子の流失を防ぐわけである。

しかし、当時は、父から子へと師匠家、宗匠家が継承されるのをうけて、弟子筋も、父は先代の師匠に、子は若師匠に学ぶといった歴代の師匠に弟子の家も歴代が学ぶということを誇りとしたのであって、それらがますます家学というものを重層にし、結束の強い社中をつくらせたのである。

長伯の子が長因《ちょういん》で、はじめ長川《ちょうせん》と名乗っていた。長因は正徳二年（一七一二）生まれで、安永七年（一七七八）閏七月五日没、六十七歳、号を敬義斎、法名を慈仙院長因日含居士という。長伯が没した時に、長因はまだ二十六歳であったが、学力にも師匠としての魅力にも乏しかったらしく、当時京都の歌僧として著名であった澄月《ちょうげつ》法師から大阪の懐徳堂の有力な学者で歌人として知られていた加藤景範《かとうかげのり》にあてた書簡がある（『本居宣長稿本全集』に所収、一部よみやすく改めた）。

元来地下伝の始りは、宗祇牡丹花遊行と流伝して、及今候而《いまにおよびそうろうて》、三家斗相聞候《さんけばかりあいきこえそうろう》。逍遥院殿御精選の箱、御家三代三光院殿より、幽斎貞徳長孝長伯長因へ流伝して、堂上直伝の一脈は、有賀を元といたし候事無紛候《そうろうことまぎれなくそうろう》。然処、長伯故人になり、長川若齢なりしを、絶て道統に押立、門人数輩世話し而《て》に打掛、堂へも不レ付、家の書一部の稽古に終年詠作不勝と、先年の不祥によて《よって》、洛下に而は、此道の汗名の様に相成候。然共元来有賀家へ出候処、長因退洛二三年前より、道不勤《みちにつとめざま》の様子、不得其意《そのいをえず》、一向隔意候内《いっこういをへだてそうろううち》、家洛落、愈遠ざかり候得共、及レ長因、家伝散佚せん事もやと、為道、一向歎哀其人出来得かしと、内心祈候計に御座候得ば、此度の義、実に、住吉玉津島の擁護

空《むなし》からぬ道と奉候《ぞんじたてまつりそうろう》

右の手紙からみると、京都にはいられなくなってしまった長因が大阪にまで下って、住居も大阪になったらしい。そして、小川屋という大阪の売薬商の小川屋喜太郎に経済的に支援を受けることとなったようである。

こうした長因（長川）であるが、国学者として知られる本居宣長《もとおりのりなが》が若き日に京都へ、身を立てるために医学修行に出かけた折に、和歌の師として仰いだ一人が有賀長因（長川）であった。若き日の本居宣長の日記に、有賀長因の歌会に度々出座したことが記されている。宣長二十七歳の宝暦六年（一七五六）一月が、その最初である。

けふは、風の心地もよろしくて会に出ぬ。寄田恋、いとよみにくき物にてこまりしが、からうじてひねり出したりける

その後も月並の歌会には、よく出席しており、六月二十四日の条をみると、長因（長川）の歌会の様子もよくわかる。

長川子の月次の会。この月は丸山の也阿弥にて、けふなんせられける。兼題は河夕立なりけり。有賀氏の月次の会、年頃二度にわけて、継塵講感生講といへる。やつがれなどは、けいぢんかうの内なり。さるを此月は両講の連中ひとつにせられければ、二十人あまりもありける。兼題の歌披講あり。いつの年も、此月はかゝるとなん。当座に、霞中瀧をえてよみ侍る

宝暦六年は、長因四十五歳である。長伯の後、衰えたとはいえ、大阪と京都に行き来して、なお門人を多く抱えて、歌会なども盛会であったことが窺えて興味深いが、本居宣長が、和歌の師と仰いだ人には、他に玉津島社の社司であった森河章尹《もりかわあきただ》があるが、地下堂上派の有賀家に学んだということは見逃せないことであろう。

有賀長因の歌会について、様々な趣向があったらしく、宣長の日記には

今日は贈答の会にて、兼題は思ひ〳〵に、四季恋雑のうちをよみて、人にかけ歌也。皆人の恋歌多し。季は当季をよむ事也。予もおそ桜を人にをくる歌よめる。さて当座に、みな人の歌を一ッにしてかきまぜさぐりとりて、さぐりあたりたる歌のかへしを当座にし侍る也。

とあって、これは、社中の他の人が詠んだ歌を一首、ランダムに抜き出して、その和歌に対して返歌をつくるという趣向であり、

有賀氏にて、臨時の褒貶会あり、題は祈不逢恋。ほうへんいとおもしろきもの也。

といったこともあって、若い初心者の宣長にも、楽しみながら参座できる工夫がしてあったことがわかる。この頃は、京都や大阪では優れた歌人が多く輩出し、各々が力をきそった時期でもあったから、有賀長因も、門戸を張るのは大変なことであったろう。

長因の号は、敬義斎《けいぎさい》、正徳二年（一七一二）生まれ、安永七年（一七七八）閏七月五日没、享年六十七歳、法名を慈仙院長因日含居士、墓石については、木村敬二郎編輯『稿本　大阪訪碑録』にも載らず、

森繁夫著『人物百談』には

　長川の遺墨は極めて少く、短冊なども少いために、破格の市価を呼んでをる。長因は敬義斎と号し、正徳二年に生れ、安永七年閏七月五日に歿した。年六十七。墓の所在は円妙寺、正法寺など諸書に記せるが、西高津本覚寺に儼存してゐる。

とされている。これは、長因の墓所が本覚寺で、次の代の長収、次々の代の長基の墓所が正法寺であるためにおこった混乱のようである。

　長因の次が有賀長収《ちょうしゅう》であるが、この人から大阪の人として定着している。長収ははじめ長因と称し、後に長収としたようである。長収は、大阪の町人学問所として知られる懐徳堂の人々と深く関わっている。それは、先代の長因の時から、大阪の富裕な薬種商であった加藤景範の経済的な庇護の下にはいっていたからであるが、加藤景範も優れた歌人で、多治比郁夫氏は「懐徳堂の歌人」とされている。

加藤景範（竹里）短冊「冬暁／冬ふかくかき籠りしや恥おほきみの老らくとつもり来ぬらむ　竹里」（架蔵）

加藤景範短冊「夜述懐／おやにぬ身のつたなさをつく〴〵とよるのねざめに思ふやさしさ　景範」（架蔵）

加藤景範は多くの和歌と歌学に関する著書があるが、その幾つかを出版している。それも、親族の者を本屋にしてまで出版するという熱のいれようであったが、そうした景範の加藤家と有賀家は婚姻関係まで結ぶこととなっている。有賀長収の娘は加藤礼文の妻となっているが、礼文は加藤景範の家の人で、加藤家の系図をあげると、次のようになる。

加藤家

信成―景範―敦善―以翼―礼文―景賢―景延―景暉

いかに加藤家と有賀家との結びつきが強かったか、であるが、例えば、長収は景範の著書に序文をも寄せているが、その一つとして加藤景範の歌論書として代表的な著書『国雅《こくが》管窺《かんき》』（管宗次編『国雅管窺・和歌虚詞考』昭和六十年刊、和泉書院）に寄せられたものをあげる。

竹里の翁、つねにいへる事あり、うたよまむには、先、京極の君の、こゝろを古風に浮《（うかべ）》よと、をしへたまへるに、もとづき、あくまでも、よく古歌を玩味せるうへならでは、紀氏の心をたねとして、の金言も、いかでか、其本意を、わきまへ得べからんと、なむ、いま道のたどり浅からぬ人々、古躰の体と、其姿詞をわかちおもひよれるかたに、したがひ、もてあそべるも、みな、彼金言に、もれずこそさるおもむき初学の子弟に、示《しめ》されける条々かき残されしを、函底にのみ、ひめ置んも中〳〵《なかなか》しみのうれへ遁るまじければ、とて、こたび嗣子敦善《あつよし》梓《あずさ》に、ちりばめらる、予に、其はし書を、こへるに、いなみがたければ、翁の一言を、おもひいでゝ、かく書そへ侍るのみ

享和辛酉の夏　　有賀長収

右のなかで、竹里の翁というのが加藤景範の号で、嗣子敦善とあるのが加藤敦善である。加藤家の好学は景範の父である信成の代からのことで信成は懐徳堂の五井持軒《ごいじけん》・三宅万年《みやけまんねん》や三輪執斎《みわしっさい》に学び、加藤家の歴代の通称の喜太郎は三輪執斎が命名したという由緒ある名である。また、敦善は、辻家から、加藤家に養子に入った人で、辻道甫《つじどうほ》の三男、字《あざな》は子原《しげん》、幼名を新蔵、通称は加藤家歴代の当主が用いる喜太郎を称し、号を棠斎《とうさい》、寛保元年（一七四一）二月二十八日生まれ、寛政十年（一七九八）十月十一日隠居、文化十二年（一八一五）八月二十三日没、享年七十五歳、養父の景範から歌学を受けて、景範没後の遺稿を整理して、加藤家を有賀家に並ぶ地下歌学の家として確立させた功績は大きい。

当時の本をみると、大阪における和歌を家学として教授する家柄として、有賀家はあげられている。『浪華なまり』（享和二年刊、一八〇二）の歌道の一条を次にあげる。

ゆすり第一之《の》此道《みち》をもてあそぶ人の中に浪花津で名に聞えしは

有賀　園　河井　米屋　尾崎《をさき》

とあって（木村三四吾解題「浪華なまり」『近世大阪芸文叢談』）、有賀家の当主は、この頃、有賀長収で、河井は河井立牧《りゆうぼく》の河井家のことかと思われるが、河井立牧は有賀長伯の弟子で、長伯没後の有賀家の若い当主である長因（長川）を盛りたてようとした人である。米屋は殿村《とのむら》家で、殿村家は大阪では指折りの富豪の両替商であったが、和歌を好んで、殿村茂乗《しげのり》、茂清《しげきよ》は加藤景範の門人、殿村茂済《しげまさ》は村田春門、加藤敦善に学んでいたので、これも加藤家の歌学の流れであるといえよう。尾崎は『百人一首一夕話《ひとよがたり》』で知られる尾崎雅嘉《まさよし》のことである。「ゆすり第一之此道」というのも、当時の和歌が、学ぶにあたっては、非常に出費を要したということに他ならないが、これも公家たちから学ぶためであったからで、学問を志して、学問で身を立てようと決めた当時の青年たちも、いかに学んだとしても、和歌には、その頂点に公家たちがあるために空しいとして、漢学や蘭学、文雅を好む者も、俳諧へむかう者が少なくなかったという。

いずれにしろ、加藤家の学問的充実ぶりは察せられるが、その傍には有賀家の存在があったことは見逃せないであろう。

有賀長収の小伝をあげると、寛延三年（一七五〇）生まれ、文政元年（一八一八）五月七日没、享年六十九歳、号を生志斎《せいしさい》、『大阪訪碑録』には

長収ハ京都ノ歌人長伯ヲ祖父トシ長因ヲ父トセル歌学者ノ家ニ生レ長伯カ真実至純ヲ宗トセル歌風

ヲ伝フ有賀家ハ祖父長伯以来長収ノ孫長鄰ニ至ル凡《およそ》一百七十余年浪華歌壇ニ盛名ヲ擅《ほしいまま》ニシタル
家柄ナリ文政元年五月七日没享年六十九或ハ七十九ト云フ

として、七十九歳の説もあげている。同書に載る墓碑名をあげる、墓所は高津中寺町正法寺とある。

有賀長収墓

居貞斎長収之墓

文化十五戊寅年五月七日卒

妙収日圓之墓

文政九丙戌年二月十二日卒

これによって法名も判明するが、妻と共に葬られており、妻の法名、没年もこれでわかる。有賀長収は実子ではなく養子であったが、よく有賀家を盛り立てた人で、望月長孝の歌集『桂雲集類題』（安永九年（一七八〇）序）を編集して出版したことなど、いかにも地下堂上派歌人にふさわしい仕事をした。望月長孝は、有賀家に伝わる歌学の中心となる古今伝授の伝授者の一人で、その学統を図にすると次のようになる。この学統を古今伝授の人々は血脈とよんでいる。

細川幽斎―松永貞徳―望月長孝―平間長雅―有賀長伯―長因（長川）―長収―長基―長隣┬長雄
└長文

長収の和歌を自筆短冊から、次にあげておくこととする。

春動物

さくら鯛おなし名によるかひしげみひろふもつるも春の海べは　長収

菊交薄

咲まじる菊のはなからちるつゆのお花が袖もにほふあきかぜ　長収

有賀長収短冊（架蔵）

里黄葉

見るやたれ薄きを色のかぎりにて時雨もまたぬ里のもみぢ葉　長収

歳暮

くれ行をおしみ馴ても年〳〵に同じからざる名残こそゝへ　長収

筆跡は流麗にして繊細なもので、馴れた詠みぶり、古今調の大人しやかな、風韻や音調を重んじた詠風といえよう。

長収は、加藤景範と詠風も筆跡も似ている。次に、加藤景範の自筆短冊の和歌もあげておくこととする。

かきわくる蓮がもとにうづもれぬ跡をぞしたふ雪のかくれが　景範

景範の短冊の染筆に用いられる料紙は古格なおもかげのする打曇り短冊が多い。

また、長収の和文の例として、有賀家の七部書の一つ、『和歌麓《ふもと》の塵《ちり》』の出版の折に寄せた序文をあげる。

歌よまむと、志す童蒙の、詞の林をたづねたらむに、あまり繁きは、分にとはれて、見るにわづらはしく、又すくなきはたらはずして、心ゆかざるべし、さりとてしをりなくては、一歩もすゝみがたく、たま〳〵いみじき趣意をおもひ得ても、其心をうつすべき詞をしらざれば、空しく打をきぬべし、こゝに祖父長伯いまそがりし世、うゐまなびのたづきにもと、歌のむしろにたづさへ出て、みせもし見もし、手ならされし小冊あり、年頃わがふところに伝へもてるを親しくせる友の梓にちりばめてよと、しゐて乞るゝにいなみがたければ、書舗の何がしにあつらへつくるつゐで、猶見やすからんために、詞の長短をわかち、かつ證歌を補ふ、かゝれば切磋功つもりて、天空たな引まで、おひのぼれる如くきれの境にいたるべき山口ともなりなんやとて、麓のちりと名づくるのみ

有賀長収

享和辛酉の秋

この序文の本『和歌麓の塵』享和元年刊（一八〇一）の本は、有賀長収五十一歳の時の出版にあたるが、コンパクトな中本二冊本（薄葉本は合本一冊本）で、和歌の初心者には入手しやすいもので、内容

的にも要領を得たまとめ方で、特に和歌を詠もうとする際の実用書的な面を強く持たせたものである。

こうした需用の高い和歌の書籍を出版するあたりに、秘事口伝ではじまった古今伝授を伝える家の歌学というものが、江戸時代も後期になると姿を変えていることを思わずにはいられない。勿論、古今伝授は有賀家にもまだあったでもあろうが、むしろ多くの門人を獲得するための平易で便利な歌道入門書を流布させることの方が、有賀家にとっても重要なこととなっていったかのようである。

そうなると、江戸時代の中期から盛んとなってきた国学者たちの論理的で考証的成果の高い歌論や歌学に対抗して、中世歌論のなかでも最も非論理的、非実際的な歌論を保持するよりは、数多くの歌学びの人々の要求に答える書籍を出版という情報公開の方法で、むしろ逆に多くの門人を引きつける方が大局からみれば利があろう。

事実、長収の代あたりから、有賀家による古今伝授めいたものはあまり門人たちには伝授されていないようである。そして、和歌の実作の方が熱心となっていたようである。

しかし、序文には、やはりともいえようか、堂上派地下歌人の名家である有賀家の当主としての誇りも窺え、それを世の人々も尊しとしたのであって、有賀家の歌学はまさに家学なのであった。

有賀長収の次の代が、有賀長基《ちょうき》である。長収は長因（長川）の養子であったが、長基も長収の養子で、もと大和の人という。墓所は有賀長収と同じく高津中寺町正法寺で

義慣斎長基之墓

とあって、側方に

天保四癸巳年正月八日卒

と刻されている。

安永六年（一七七七）生まれ、天保四年（一八三三）正月八日没、享年五十七歳、法名は慈光院殿義慣斎長基日全居士という。

当時流行の出版物の一つに『浪華郷友録』という文人墨客の紳士録があって、毎年ごとに出版されていた。この紳士録に載ることを、当時の人々は誉れとしたし、住所まで書かれているので、手紙を送ったり、上方に上ったおりの訪問の便りとしたりして、大変に重宝がられ、またよく売れた。

この『浪華郷友録』に名が載せられていることで、人気や実力が推し量られるし、その頃の住所や、その頃用いていた号なども判明するので大変に現在でも研究者には便利な本であるが、その『浪華郷友録』（この人名録は、後には色々と書名を変える）には、有賀家の人々は常連で、長収の代から、その選にもれることは、まず無い。

長収を『浪華郷友録』から拾うと、次のようであり、

有賀長収　号生志斎 折屋町　生志斎

（『浪華郷友録』寛政二年版（一七九〇））

和歌国学の部に載せられているが、この部には、全部で十一名載せられており、その筆頭が加藤景範で、

加藤景範　字子常号竹里 折屋町　加藤友助

とある。住居が同じ「折屋町」になっていることは注目してよいであろう。第二座で、次に並ぶのが有賀長収である。『浪華郷友録』の例言には、順番は優劣によってではない、とわざわざことわっているが、「儒家」の部をみると、学問的な優劣で配列していることは明らかである。

長基をこうした人名録から拾うと、次のようである。

有賀長基　号優貫斎 折屋町

（『新刻浪華人物志』文政七年版（一八二四）「和歌国学」の部、十一名中十位）

住居も、先代の長収以来の所であることがわかるが、相前後して出版された『続浪華郷友録』文政六年版（一八二三）には載せられていない。

おおよそ、大阪市中の歌会を催したり、市中の富豪の商家へ出張に行くのに好都合の場所に住居を定めていたのであろうが、やはり加藤家との結びつきが深かったのであろう。

長基の和歌を自筆短冊から拾うと、次のような和歌がある。

冬恋

さむさをも猶たのまれて待ふかす夜はのかゞりにむかふ埋火　長基

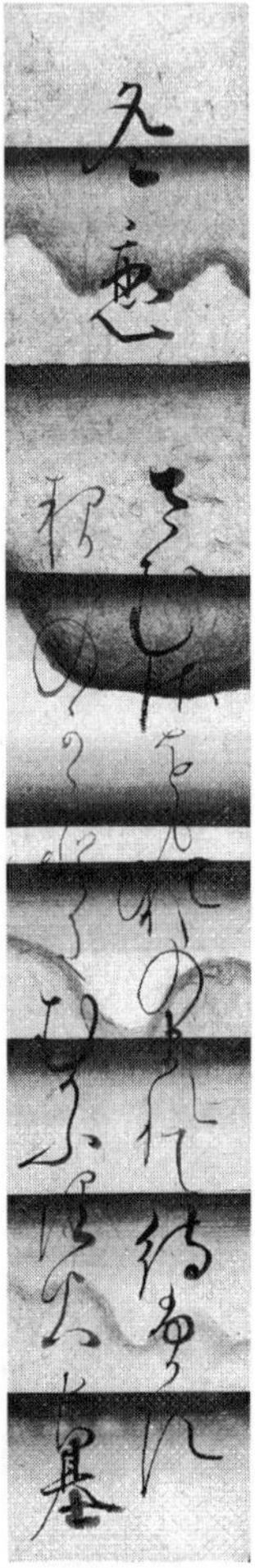

有賀長基短冊
（架蔵）

冬鳥

冬がれの森にをとするひたき鳥いかなる神のみけいそぐらむ　長基

また、歌集から拾うと、次のようなものがある。

霞中瀧

山たかみ世をへておつる瀧のいとのたえまや春のかすみ成らむ　有賀長基

（『和歌千種の花』明治二十五年刊（一八九二））

三井寺

後の世にむすぶちぎりもあさからじ三井のまし水あせぬ限りは　有賀長基

（『近世三百人一首二編』明治三十年刊（一八九七））

そして、有賀長基の次の代が、有賀長隣《あるがちょうりん》である。

四　有賀長隣と緒方洪庵

有賀長隣《あるがちょうりん》、文政元年（一八一八）六月十九日生まれ、明治三十九年（一九〇六）十一月一日没、享年八十九歳。号を情新斎《じょうしんさい》、または思継斎《しけいさい》とも称した。和歌の他に蹴鞠《けまり》にも秀いでていた。

有賀家の代々の当主が地下の堂上派歌人として重んじられたように、長隣も重んじられたことは変わりがなかったが、長隣の秀でていたことは、自ら進んで新時代の知識を得るべく広い交際を望み、積極的に新知識を、その息吹と共に身に付けようと努力したことである。

その一例として、次のような逸話がある。「大阪市種痘歴史」に載るものである。

松本俊平ハ西成郡北野村東北一小村（往時数家ノ籬落現今大阪監獄裏門ノ付近）ノ住人国学者有賀長隣氏（長雄長文両博士父）方ヲ続苗所トシ、貧人ヲ誘致シ定日出張シテ文久二年頃迄継続シタリ、其間有賀氏貧人ノ勧誘ニ与リテ力多シト云フ

当時、和歌を詠み日本の古典について講義をする国学者のなかには蘭学者を憎み、夷狄《いてき》の術をあやつる者として、国粋主義の極単な国学者は、蘭方医の住宅の前を通る時には袖で顔をおおったり、鼻をつまんで不快の念をあらわにしたという。

そんな当時にあって有賀長隣が、自宅を緒方洪庵が心血を注いでいた種痘の活動の場として提供しているというのは、やはり当時の人々にも大きな驚きであると共に、和歌を嗜む人々だけでなく、多くの

理解者、賛同者、協力者を得るに良い手助けとなったのは間違いないであろう。
しかも、当時の種痘の大変さは「たねつぎ」であったが、これも長隣は手助けしたことになる。「たねつぎ」というのは、種痘の苗を子供の体にうえながら、次の子供に、その膿んだ種をまたうえる、ということを繰り返していくので、やがては新しく子供を捜すのが困難になってくる。うえた苗も、子供が完治して、カサブタになってしまっては、次の子供に移しても効果が望めない。当時の人々は、まだ種痘を信じている人が少なく、牛のものをうえると牛になるなどと種痘効果を信じないものが多かった。江戸っ子の夏目漱石は幼少の頃、種痘を受けなかったため痘痕だらけの顔となってしまい、英国留学中、日本人である自分を醜いと強く感じたのも、もとはといえば親に種痘の理解がなかったためである。種痘の協力者、理解者としては、当然のことであるが、長隣は自分の子供にも種痘を受けさせており、緒方洪庵の日記にも「有賀娘種痘す」とはっきり書かれている。

緒方洪庵と有賀長隣との交流も窺えるので緒方富雄著『緒方洪庵伝』付載の「「癸丑年中日次之記」（嘉永六年）」から、有賀長隣の名の見える部分を抜粋する。

《嘉永六年（一八五三）》

二月十八日

〇有賀長隣留守中に来る。二十四日初会之事申置よし。

二月二十四日

○有賀初会難波橋西照庵にて催。出席す

二月二十六日

○有賀長隣、村井俊蔵来る。昼飯出す

四月十五日

○朝より回勤。晩除痘館歌会に立寄。

六月八日

○大田、六人部、青木同道にて有賀之草庵を訪。

六月十三日

○今朝有賀娘種痘す。

六月十九日

○朝より回勤。晩除痘館歌会舟行。初夜頃帰宅

八月三日

○夜有賀長隣、大田雲若来る。

右のことによって、緒方洪庵は有賀長隣の年頭の歌会に参座したことがわかるが、除痘館で、おそらく蘭方医たちを中心メンバーとして「除痘館歌会」なるものを催していたことなどもおもしろいが、緒

方富雄氏の『緒方洪庵伝』によると、「八　洪庵と和歌」のなかで
　洪庵に和歌のたしなみのあったことは、よく知られており、多くの和歌をのこし、多くの短冊を書いている。

　そのうまさは別として、漢詩の世界よりは、彼の性格に適したのであろう。それは、洪庵のわかいころの修業とも関係があるとおもわれる。『病学通論』の題言に、自分は若いときから西洋の学に志して、東西に奔走し、文を学ぶの余暇を得なかったので、『卑拙浅陋悔ユトモ及バズ』といっているように、修業に年月を要する漢学の素養のとぼしかったのは自然のこととおもわれる。

　洪庵の和歌への執着は一通りのものではなかった。萩原広道を先生として、随分多くの新古今風の和歌をよみ、添削してもらっている。

とされているが、萩原広道《はぎわらひろみち》以外にも歌人に和歌を学んでおり、その一人に有賀長隣があるわけで、他にも武士であった久貝正典《くがいまさのり》や黒沢翁麿《くろさわおきなまろ》（翁丸と「癸丑年中日次之記」に記す）、国学者で医家でもあった六人部秀香《むとべひでか》などとも和歌の会や、国文学の書籍（黒沢翁麿著『言霊のしるべ』、萩原広道著『源氏物語評釈』）の贈答をめぐっての交流のあったことが「癸丑年中日次之記」からも判明する。

　しかし、洪庵が、和歌を学んだのはただ和歌を好んだからだけでもなく、漢学の修行が浅かっただけではなさそうである。例えば、そのことを知るのに、緒方洪庵の業績中の一つとされている『扶氏経験遺訓《ふしけいけんいくん》』をみればよい。『扶氏経験遺訓』は、ドイツの名医フーフェランド（C. W. Hufeland）の著した内

科書で、それがオランダのハーヘマン（H. H. Hagemar, Jr）がオランダ語に訳して出版したものを、洪庵が日本語に訳したものである。日本語というと当然と思われるかもしれないが当時は、蘭学者もオランダ語の書籍を訳すのに、わざわざ難解な漢文に訳す者が多かったのである。他国の言語で書かれたものを、わざわざまた自国の言語ではないものに訳すわけであるから、自然と誤訳や難解な訳となり、読者も自国語でないものを読むわけであるから誤訳に誤読の重出となってしまい、ことが命に関わる医学書であるだけに罪が深い。

そこで緒方洪庵の自らの著述は、漢文書き下し調の日本語で『扶氏経験遺訓』を訳したのである。もともと、フーフェランドはドイツの内科学の大家であり、ベルリン大学教授五十年間の経験にもとづいて、内科学を系統立て、教科書風にまとめたのが、『扶氏経験遺訓』であったから、ヨーロッパでも当時評判の名著で、同書末尾には医者に対する訓誡が述べられていた点も歴史的価値があるとされている。それに注目して、全三十巻（本編二十五巻、薬方編二巻、付録三巻）として完訳本を出版したことは、日本の近代につながる医学史上やはり大きな功績といえよう。

しかし、そこで見逃せないのは洪庵が漢文には訳さなかったことであるが、その日本語の文体獲得のために和歌の習得に励んでいたということである。

こうした近代的意識を持ち、近代の技術的研究のために異分野にも手を染める気力を持っていたのが緒方洪庵である。また、先からあげる「癸丑年中日次之記」をみると、和歌が当時の社会的身分や地位や貧富を越えた社交の道具であり、洪庵は和歌を交流・社交の道具としての和歌の効用をよく知っていたこともよくわかる。和歌を風流風雅の道とは思ってもいたが、貴人、富豪との交流の道具ともしていたということである。その点は、有賀長隣も同じであったろう。蘭学の実学的な効用・効果は長隣の理解力のなかにはいるものであって、着実に新しい時代の到来を予感したものらしく、幕末頃までは大阪にいたが明治十六年（一八八三）には住居は東京の「三番町六十七番地」（『明治文雅姓名録』明治十六年刊）となっており、二人の息子に近代教育を受けさせるため上京したようである。

長隣の妻の勝子も和歌をよく詠んだという。文政十二年（一八二九）五月六日生まれ、大正三年（一九一四）八月七日没、享年八十六歳であった。

長隣は、大阪の幕末から明治の和歌の会では常に重鎮としての位置を占めており、「和泉式部七百回追補」を主催したり、大阪の天満宮の和歌会の客分であったり宗匠を勤めたりもしており、当時の『浪花当時人名録』などの人名録で載らぬものはない、次にそれらをあげる。

有賀長隣　錦町二丁目

（『続浪華郷友録』天保八年版（一八三七））

（「和歌」の部）

右の『続浪華郷友録』では「和歌」の部で、九名あがっているなかで、筆頭にあがっている。

有賀長隣　高麗橋二丁目
長基男

（『浪華当時人名録』嘉永元年版（一八四八））
（「国学及和歌」の部、十三名中十位）

長隣　有賀

（『新撰浪華名流記』弘化二年版（一八四五））
（「チ　和歌部」に所載）

有賀長隣　号情新斎以文政戊寅生傍善蹴鞠長好七世孫也長好従細川玄旨法印受古今和歌伝長雅長伯長因長収長基相継至長隣自長伯始称氏住天満芥山

（『浪華名流記』安政三年版（一八五六））
（「和歌部」八名中七位に所載）

有賀長隣の載る人名録でさえも所載の分野は細分化し、「医家部」にも、緒方洪庵や春日《かすが》寛平《かんぺい》といった人々が載るようになったこの頃になると、長隣の周辺の人々にも新時代の雰囲気は満ちていた。

有賀長隣は、先にも述べたが、明治十六年には父子とも東京にあったが、息子二人は共に日本の近代国家を支える人物となっている。

長男の有賀長雄《ながお》は、成長するに及んでベルリン大学に遊学し、帰朝後は枢密院書記官兼議長秘書官、また首相秘書官兼内閣書記官となり、日清戦争、日露戦争の折には功績に大なるものがあった。辞官後は、東京帝国大学などに教鞭を執り、学士院より恩賜賞を受けて、国際法の権威として中国外交顧問をも勤めた。万延元年（一八六〇）十月一日生まれ、大正十年（一九二一）六月十七日没、号を帚川という、享年六十二歳。従四位、勲二等を授けらている。家学ともいえる歌学の方も、父の長隣から受けており、短冊も残っている。次にその二首（一葉に二首書きの短冊）を自筆短冊からあげる。

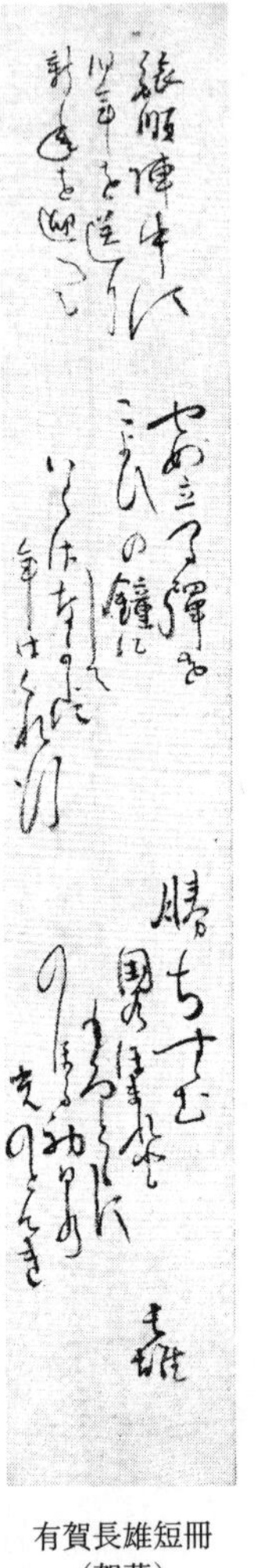

有賀長雄短冊
（架蔵）

旅順陣中に旧年を送り新年を迎へて

せめ立つる弾をこよひの鐘にしていくさながらに年はくれ行

勝ちすゝむ国のほまれともろともにのぼる初日の光のどけき

日露戦争の激戦地として名高い旅順攻撃の時に詠まれた和歌であることなど興味深い。有賀長雄は学位も法学博士と文学博士を得ていることなども明治の時代、有賀の家系とから考えておもしろいことである。有賀長雄の弟は有賀長文《ながふみ》といい、こちらは実業界に入り、これも重鎮と称されるほどの成功を収めたという。

有賀長雄からは東京の人となったため、長隣、長雄の幕所は東京の青山墓地となったようである。

有賀長隣の和歌を自筆短冊からあげる。

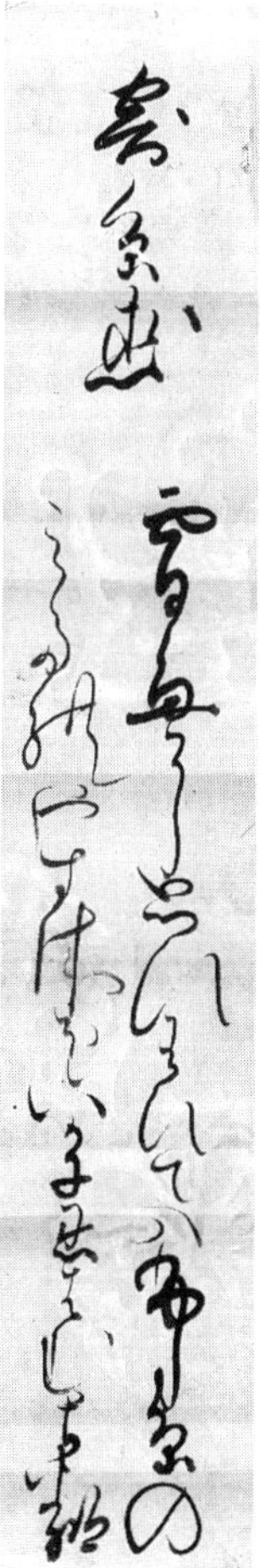

有賀長隣短冊「寄糸恋／宵毎に思ひわびてはふし糸のみだれやすさをいかに忍ばむ　長隣」（架蔵）

有賀長隣短冊「初春霞／あらざらでまだ薄墨の夕かすみ立名ばかりの春の色かな　長隣」（架蔵）

浦千鳥

こよひしも妻にあはじのうら千鳥あはぬうらみやわびて鳴らむ　長隣

碁にうちまけければ

しら浪にうち越られて小黒崎其名もなきに成にける哉　長隣

先山へ詣し時ほとゝぎすを聞て

いとゞなをめづらしけれや人伝もきゝえぬ先の山ほとゝぎす　長隣

関初音

ほとゝぎすかよふ初音の聞ゆ也今も寝覚やすまの関守　長隣

暮春山

埋もれし雲立かへりよしの山かすむや春のなごり成らん　長隣

五　有賀長隣の社中歌合

次にあげるのは、有賀長隣の社中歌会の歌合の資料（『有賀長隣大人判　ふたつのみち』）で、長隣の門人八名が、「山家の冬」の題で左右に分かれて四十番（歌は計八十首）の歌合をした折のもので、添削と判詞は有賀長隣によるものである。なかなか懇切丁寧な添削と批評で、なかには二十九（廿九）番や三十五番のように判詞自体が和歌でなされるといった後鳥羽院のなさったような遊びもあって、いかにも洒落ている。社中のメンバーでわかっているのは神谷《かみや》美春《よしはる》のみであるが、神谷美春は、河内の国学者で名高い岩崎美隆《いわさきよしたか》の門人であった荒木美陰《あらきよしかげ》の門人であった。その美春の門人が、この資料を写書し

「有賀長隣大人　ふたつのみち」
表紙（架蔵）

75　有賀長隣

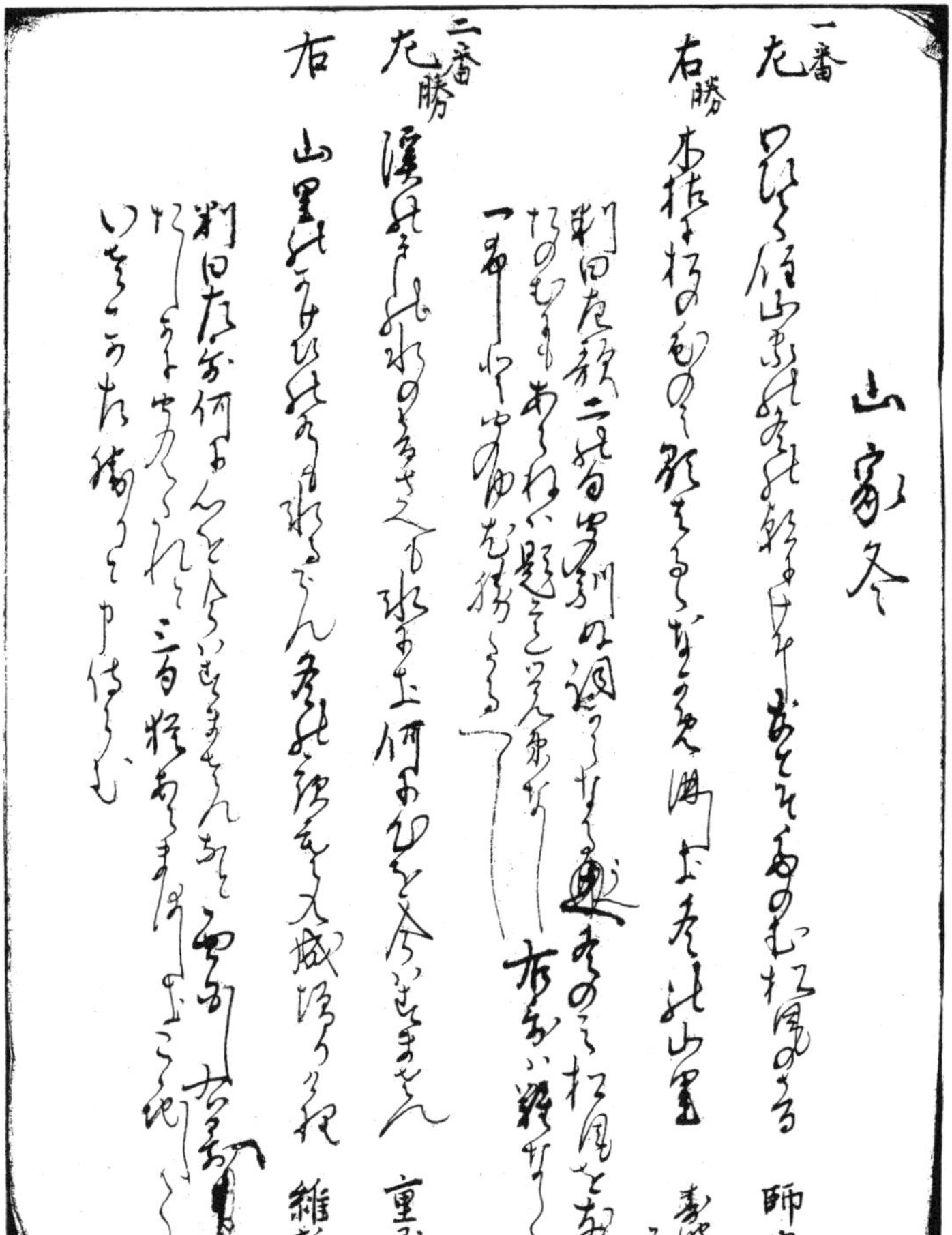

「有賀長隣大人　ふたつのみち」（本文一丁表）

た人物で、早田種容《たねやす》と称する。本稿の末尾に、これを付して有賀長隣の和歌指導の実際を偲ぶ料としていただきたく思う。

〈学統〉

村田春門─岩崎美隆─荒木美蔭─神谷美春─早田種容

有賀長隣大人判

ふたつのみち

早田たね容写

山家冬

一番

左　わびて住山家の冬の朝にけに友とぞたのむ松風の音　師中

右 勝 木枯に松の色のみ歌はるゝながめ淋しき冬の山里　寿波子

判曰左歌この句聞馴ぬ詞がらなるうへ、冬のみ松風を友とたのむにもあらねば題意覚束なし、右歌は難なく一ふしと聞ゆ、右勝たるべし

二番

左 勝 渓の戸の水の音さへも氷にき何に心を今はすまさん　重民

右　山里のかけひの水も氷るらん冬の夜寒く成増りけり　維静
判曰左歌何に心を今はすまさんなど面白し右歌たしかに聞えたれど三句猶あらまほしきこゝちしていさゝか左勝りと申侍らむ

三番

左勝 山里の色はこの葉のふりつみて雪より先に埋れ果にき　千之
右　落葉してせかるゝ川の水音も埋もれ果ぬ冬の山ざと　師中
判曰左右たがひに木の葉ふりして山里の風情おかしき中に右の川といひながせしはなつかしげなければ、これや左勝りとしはべらむ

四番

左持 冬籠る谷の扉は雪更て松の嵐の音信もなし　重民
右　今は我身をおく山の冬ぞうき昔は雪も楽しかりしを　官棟
判曰左の三句いさゝか求め過たるこゝちし右は一首風体品高からず、なぞらへ持とし侍らむ

五番

左勝 木の葉ちる音に馴ぬるは山へも時雨もる夜の袖ぞかはかぬ　千之
右　きのふみし嶋の紅葉は色もなし嵐によはる椎の下庵　凌雲
判曰時雨もる夜の袖ぞかはかぬなどあはれ浅からず、嵐によはると聞えしも又一ふしと覚ゆれど、

椎の俄に生出たるこゝちするは口惜しくて左勝とせむ

六番

左　いとひこしこゝも浮世の冬なれや山下庵の雪のうはぶき　官棟

右 勝 白雪のつもらぬけさも軒深くなを雪埋む冬の山里　凌雲

判曰いとひこしこゝも浮世のなど、其こゝろ浅からず聞え出たれど、雪のうはぶき、なつかしげなし、猶雪埋む軒端は冬の風情も深く勝と申べし

七番

左 持 木がらしの紅葉吹颪はげしさに柴の扉も明ぬ頃哉　美香

右　此程の木葉も雪とふりかはりとふ人もなき山の奥哉　官棟

判曰左右ともさがして申さむふしもなし、おなしほどなる番ひにや

八番

左 持 瀧まくら氷れる夜半は松風の音のみひゞく山の下庵　寿波子

右　瀧つせも氷はてしか小夜更て枕静けき谷の下庵　千之

判曰この番にもさしていふべきけぢめなし持にや侍らむ

九番

左 勝 薪こる鎌くら山の賤が家にほだ火絶せぬ冬は暮けり　維静

右　冬の夜は友がたりして山がつがくゆるほだ火の影たのみつゝ　凌雲
判曰左の名処は求め過たるこゝちし侍れど、一首おかし、右もおなしさまの歌にし侍れど二四句
の詞がらいさゝか心置れぬれば左に勝をゆづる
十番
左　鹿の行跡のみ霜にあらはれて外に人なき山陰の宿　美春
右勝《かち》真柴折道さへ今朝は跡絶て煙も細し雪の山里　重民
判曰棹鹿の跡も淋しくみえぬれどあはれ煙の立勝りぬる
十一番
左勝《かち》をり〳〵にことゝふ松の風さへも雪にとだゆる冬の山里　維静
右　誰にかはみせも聞せも白雪のふる山里の明ぼのゝ空　凌雲
判曰雪にとだゆるなど優也、右歌おもしろく聞ゆれど左や少しまさりたらむ
十二番
左勝《かち》雲まよふ園生の山の高峯より日影時雨て冬は暮けり　重民
右　今朝もまた垣ほの渓に立のぼる雲や雪げか雨と成らん　師中
判曰左難なくおかし右は四句のてには置まどひて此甚の劣をとりたり
十三番

左持我のみの山下庵と成にけり鳥もねぐらは雪に埋れて　官棟
右　我庵は軒端を雪に埋みつゝ心の奥ぞ深き渓の戸　寿波子
　判曰左右とも下句いひたらぬこゝちして甲乙弁へがたし

十四番
左勝尋いる人しなければ夢にだに跡なき雪の小野の山里　千之
右　わびて住小野ゝ山家も冬がれは煙たえたる峯の炭かま　維静
　判曰小野山の雪も煙もへだてねど夢の名残り哀なりける　右二句山家といへる詞は不可然也

十五番
左　山里にひとり詠めて忍ぶ哉都へ遠く時雨行そら　凌雲
右勝誰里に時雨の冬をさそひけん我住山の松のゆふ風　美春
　判曰左右のしぐれともに風情おもしろし深く甲乙を考るに右方や少しまさりたるらむ

十六番
左勝山里は人めも夢も枯はてゝ淋しきものと雪積にけり　重民
右　雪降は庵の戸さしてこもりくの袖さへ寒き冬の山里　凌雲
　判曰左上句めづらしげなく覚ゆれど一首難なからんか右こもりくの袖とつゞく例を聞す依以左為勝

十七番

左 持 雪深くつもらざりせば山里も冬とて人の忘れましやは　官棟

右　絶えやはほだの煙りも打しめり雪げにさゆる床の山風　千之

判曰雪深きあはれもあれどうちしめるほだの煙も意はをも白し

十八番

左 持 かすかにも氷をくだく音す也谷のあなたも水もとむらし　師中

右　谷川の水さへかるゝ山里に草木のみとはなに思ひけん　美春

判曰左右とも山家の風情よくいひかなへたりおもしろき持とし申べし

十九番

左 勝 足曳の山の下庵落葉してあらはなれども人のとひこぬ　維静

右　さゝ栗の一つ二つは淋しくも落のこりたる軒の山かけ　美春

判曰左右下句などおかし《（ママ）》右も一首あはれにつゞりしはさる事ながら冬の意たしかなりとも申がたく此甚の左勝になむ

二十番

左　花をさへ雪と愛にし峰々にふりつもる今冬ぞ深けれ　寿波子

右 勝 ながめこし花も紅葉も散はてゝ人めかれ行冬の山ざと　維静

判曰左つゞけから不可然新ことふりたれど一首をだやか也勝とせむ

廿一番

左持世をのがれ深山におもひいる身こそしたと積れる年波の雪　すは子

右　世をのがれ身を奥山の柴の戸に情にかくも積る雪哉　官棟

判曰たがひにふりつもる雪のこゝろいづれを深しと申いずれを浅しと申けむ勝劣なきものか

廿二番

左　夜半寒くまだ埋火によりそひてふくる嵐をしのぐ山住　寿波子

右勝のがれしよ今は浮世の道かへて山に住身も寒き冬の夜　凌雲

判曰左歌結句にいたりて山住と置し外山家の意あとも聞へで口惜し右其難なく先聞えたれば勝とせむ

廿三番

左勝山里の柴が軒ばの夕時雨世のうきならでぬらす袖哉　重民

右　世の塵をはらへどかゝる山里は庭に木の葉の積る冬の日　寿波子

判曰世のうきならでぬらす袖などおかし世の塵と庭のこの葉とくらべしもさることながら結句優ならず無下に聞ゆれば左を勝とす

廿四番

左　枝折さへ木の葉に埋む里とへばまだみぬ山の雪の初花　千之
右勝　裾野には御狩さすらんけふも又門にしるしの鈴ぞ聞ゆる　重民
判曰左のうち腰句置まどひしゆえにや下句の意聞えがたし右は題にとりては求め過たる趣向なれど一首の意たしかなれば勝とせんものか

廿五番

左勝　むさゝびの声吹おろす我山の嵐も冬はすさまじき哉　美春
右　山住の冬ぞうれしき鴬の声せで移る窓の朝日に　師中
判曰鴬を朝日にみるもえならねどすさまじかりきむさゝびのこゑ

廿六番

左　聞慣て此頃松の雪をれをしらで明ぬる谷の庵に　師中
右勝　寝覚して聞も寒けし山里の軒ばの松の雪折の声　重民
判曰聞えかはせし雪折のこゑはともに身にしみぬれど左歌切字たしかならねば難此甚右に勝をゆるす

廿七番

左勝　深山木の梢あらはに枯はてゝ此頃風を垣根にぞ聞　官棟
右　竹すのこもれくる谷の木枯の寒き年夜をふしぞわびめる　美春

判曰左優に聞ゆ右に山住のさまをよく尽さんと竹すのこもれくるかぜなどいひ出しも又一ふしには侍れど風体は左や立勝りたらん

廿八番

左　渓の戸に細々かゝるいと水もこぼれる今は結ぶ日ぞなき　寿波子

右 勝 住馴れし筧の水の音信もこぼればうとき冬の山里　千之

判曰左歌下句いとよろしけれど二三句猶有べく覚ゆ右歌は初二句の如くによろしとも覚えねど左に勝るべくおぼゆるのみ

廿九番

左 勝 朝にはしらじなけさの風さえて我住山に積るしら雪　千之

右　鴉なく朝げにみれば山里のまがきに霜の花ぞちりける　凌雲

判曰朝にもしられぬ雪のめづらしな霜の花にもこゝろをけども

三十番

左　板やうつ夜半の霰に山里は朝にかよふ夢も覚けり　重民

右 勝 椎葉のしばしの世とし思へども猶冬寒しは山辺の庵　凌雲

判曰朝に通ふ夢も覚けりなど山里の風情さもと聞えたれど右の歌一節優美におもしろし尤可為勝歟

三十一番

左　汲馴し谷の水さへ心とや早く流るゝ年の暮哉　千之

右勝　鬼やらふ声はむかしに聞絶しは山の庵も年暮にけり　重民

判曰左歌たゞ谷とのみに山家をふくみたるはたしかなりとも覚えず将下句年のくれには分て早く流るゝさまに聞ゆるは世に有しことはりはいひ足ねど題意はたしかならむいさゝか暮の右勝とせむ

三十二番

左　妻こふと軒ばに近き声も今しかとも鳴ず成にける哉　師中

右勝　山深み人こそとはね朝夕に時雨る今ぞ音信て行　すは子

判曰左趣向は珍らしげなれど鹿は明ぬとて野べより山にといづるを聞ば山里にのみ鳴ものと定めがたし右は趣向めづらしとも覚えねど一首のうへ題意も慥《たし》かなれば勝とすかくいへばとにかく古き趣向たりとも一首の慥《たしか》なる方の勝とる事と思ひとるべしゆめ〳〵さにはあらず新らしき趣向にして一首もよく題意も慥《たしか》なればいかでか劣をとらんや

三十三番

左　白妙の雪にうもるゝ山里の老人いかに冬しのぐらん　維静

右勝　日頃だに世にしられぬを冬深く身は奥山の雪の埋れ木　官棟

判曰左右大かたは同し心ばへのうたと聞ゆれど左の歌下句無下優ならずこれも右勝りになむ

三十四番

左　詠めわびぬ柴のあみ戸の夜半の月哀淋しき冬の山里　凌雲

右勝　人とはぬ山下庵は雪深し風と月との道を残して　官棟

判曰左の月もあはれ浅からぬさまはし侍れど秋にても有ぬべし右は冬の道まよふべくもあらぬうへ下句優におもしろし尤勝とせむこれや巻のうちの秀逸たらむ

三十五番

左持　山里に住はなるれど雪を待心は世にもかはらざりけり　美春

右　時雨さへめぐりて里へ出ぬるを我山住はいつ迄かふる　千之

判曰世に通ふ心の末のあらましは雪も時雨もかはらざりけり

三十六番

左持　小鷹狩やどりしすればもてなしに真柴しばたく冬の山里　維静

右　炭がまのあたりに近き山住は冬をよそにも思ふなるらん　師中

判曰小鷹狩は多く秋に聞馴しうへ上句つゞけがら猶有べく覚ゆ炭がまの辺は雪深く寒げなるさまを多く聞馴はべれど冬をよそに思ふといへる心聞がたしなぞらへ為持

三十七番

左　柴車軒ばの山を引音に積る木のはの深さをぞしる　美春
右勝柴の戸をたゝく霰は凩の風のさそへる木実成けり　維静
判曰左歌三句心得ず右も木実の落るも多く秋に聞馴ぬれど左にはまさるべくや

三十八番
左　けぬがうへに猶降積し朝戸出やかへるさたどる雪の山里　師中
右勝行かよふ道も落ばに埋れてとふ人もなき冬の山里　維静
判曰左三句聞しるべくもあらず下句はよしありげなるものを此甚たり右はことふりにたれど一首
無難勝たらむ

三十九番
左　冬の夜に片山かけし我宿は入なん月の枕上かな　師中
右勝峰つづきしづ山がつの細々と炭やく煙り立る冬の日　寿波子
判曰左歌冬とはことはりたれど秋のうたと聞ゆ右も二句など心置れぬれど例には勝るべくや

四十番
左勝春は花秋は月ぞと詠しを雪になりぬる山の下庵　官棟
右　いかにして雪を侍やととふ人も嵐はげしき山陰の宿　美春
判曰左歌面白し右も初二句などたくみにいひ出たれど左には勝るべくもあらず

ふたゝびいふ三十二の番ひに判せしこと此まで多くは新しき趣向の歌は劣をとりたりこは趣向新らしけれど一首のあしければなりとかくふるびたる趣向の歌の勝をとる事とはゆめ／＼思ふべからず又新らしきと珍らしきとのけぢめもよく／＼思ひときてとにかく品高きを旨とし詞から優美なるを願ふべし今くだりにくだりたる趣向は思ひ捨ていにしへの歌いにしへの教をよく見て一首をつゞるべし

歌今のまねびとよらばこれらの事ども中心べきにあらじを浅草もまじりたればにや

重民
美春
師中
維静
官棟
凌雲
千之
寿波子

〈参考文献〉

○森繁夫著『人物百談』（昭和十八年七月十五日刊、三宅書店）
○木村三太郎著『浪華の歌人』（昭和十八年四月三十日刊、全国書房）
○石田誠太郎著『大阪人物誌』（昭和十一年十二月三日刊、復刻昭和四十九年八月五日刊、臨川書店）
○森繁夫編・中野荘次補訂『名家伝記資料集成』（昭和五十九年二月一日刊、思文閣出版）
○多治比郁夫「加藤景範—懐徳堂の歌人—」（「大阪府立図書館紀要」8、昭和四十七年三月刊）
○多治比郁夫「有賀長収の奉納和歌—付・有賀長収の伝記資料」（「すみのえ」昭和六十三年夏季号、昭和六十三年七月十日刊、住吉大社）
○木村敬二郎編輯『稿本　大阪訪碑録』（浪速叢書、第十、船越政一郎編集校訂、昭和四年五月十日刊、浪速叢書刊行会）
○管宗次著『幕末明治　上方歌壇人物誌』（平成五年九月十日刊、臨川書店）
○緒方富雄著『緒方洪庵伝』（昭和三十八年三月二十五日刊、岩波書店）
○『近世大阪芸文叢談』（昭和四十八年三月二十二日刊）
○古西義麿「大坂の除痘館をめぐって」（有坂隆道編『日本洋学史の研究』第六巻、昭和五十九年二月刊、創元社）
○『和学者総覧』（平成二年三月二十日刊、汲古書院）
○管宗次・郡俊明編著『安政丁巳浪華尚歯会記と山口睦斎』（昭和六十一年三月二十日刊、和泉書院）
○管宗次「荒木美陰大人家集」（「混沌」第二十二号、平成八年十二月二十六日刊、中尾松泉堂）
○『芸術新潮』（「冷泉家サバイバル800年」一九九七年九月刊、新潮社）

Ⅲ

山口睦斎

摂淡のかけ橋となった淡路の文人

郡　俊明

山口睦斎自筆漢詩＝部分（架蔵）

山口睦斎　やまぐち・ぼくさい

天明四年（一七八四）生まれ、安政年間（一八五四〜一八六〇）没とも、慶応年間（一八六五〜一八六八）没ともいう。漢学と和歌国学を兼ねた学者で、文人的気質の強かった人物であるが、近世後期に淡路にあらわれて、京大阪で活躍した。漢学は頼山陽《らいさんよう》、篠崎小竹《しのざきしょうちく》に学び、和歌国学は大国隆正《おおくにたかまさ》、富樫広蔭《とがしひろかげ》、大江広海《おおえひろみ》らに学んで、その交流には緒方洪庵《おがたこうあん》、三浦道斎《みうらどうさい》といった医家が多かった。明治の新時代を荷負う次の世代の青年を数多く導き、京大阪との文化的なパイプラインの役割を果した。摂淡のかけ橋となった人物である。

一　はじめに

山口睦斎《やまぐちぼくさい》、名を之謙《ゆきたか》、字《あざな》は君亨《くんきょう》、通称は吉十郎、和歌国学の著述の時には敏樹《としき》（俊樹とも書く）を用いる。睦斎も時には朴斎とも署名している。号は南浦《なんぽ》、室号を聞香舎とも寧楽園《ならぞの》ともいった。淡路島の福良の学者である。

四国の文人学者である七条文堂《しちじょうぶんどう》の旅日記『白雲の日記』（七条文堂自筆本）には、次のような記事がみえている。

日影ななめなるころ、福良の湊につきぬ、この里の長、山口の敏樹ぬしは、かたみにむつまじくことひかはしければ、訪ひてやどる、何くれとかたらひ湯あみなどす、聞香舎といふ額かかげるは前栽に木犀のこよならふときがあればなむ、

　霞にも匂ひあまりて春の夜の月の桂のはなぞかをれる

又の号を楢園《ならぞの》といへるもやがて其木のあるによれり

　楢の葉のならし顔にもとひよれば梢に高く月すみにけり

あるじ春曙雲といふ題を出《いだ》して歌よめといふ、おのれのは

　荒染のおさらにそめて白雲の桜重に匂ふあけぼの

よひ過《すぐ》るほどより、雨しとどにふり出《いで》にける音をきゝて、ふるはなみだかとよみけんも、今夜おも

ひ出られて、いねがてなるもわびし、朝戸明るころいさゝかをやみたれど、猶はるべくも見えず、あるじ、雨やめて出玉《いでたま》へといへど

吉野山花の日数をかぞふれば雨にもえこそあしはとゞめじ

十三日雨衣もとほるばかりいみじうぬれそぼちつゝゆく、八幡村の社はいと奥まりたるに、右ひだり並木の桜うゑわたして花もやゝ盛ちかし

とあって、四国から上方へ渡り、吉野の花盛りを見物に行こうとする旅人を、淡路の福良でもてなしている山口睦斎の雰囲気のよく伝ってくる文章であるが、淡路というのは、古来より、上方から「阿波」へ行く路《みち》であったため、「阿波路」がちぢめられて「淡路」となったという。

そうした、文人墨客の往来路にあって、後述するが、ある時は上方からの頼山陽《らいさんよう》などを迎え、ある時は青雲の志の青年を上方に送り出す。そうした往来路に、上方の一流の学者にも負けぬほどの見識と学力の人がいればこそ、そこは淡路でも重要な文化の足がかりとなったのであり、いや、その足がかりの足場になった人物こそ、これから紹介していく山口睦斎なのである。

山口睦斎は、天明四年（一七八四）に淡路国福良浦（現在の兵庫県三原郡南淡町）に、富裕な庄屋の跡取り息子として生まれた。俳優の山口崇の家とは親戚筋にあたり、山口崇の家は阿那賀（現在の兵庫県三原郡西淡町）にあり、江戸中期に請山制山林経営に大成功をみて、淡路の新しい庄屋のなかでは最大級クラスの富と権威を手に入れている。山口睦斎の家は、その分家のなかでも有力な分家であった。

当時の淡路は阿波藩の支藩で、家老の稲田家が一家で淡本国の一国を支配していたが、本藩の阿波藩よりも淡路の方が産物の豊かで、廻船などによる経済活動も活発で、武士はいうに及ばず、町人、農民に至るまで暮らしぶりにゆとりがあって、好学の人が多かった。明治になって、大阪の古書肆として知られた松雲堂主人の鹿田古丼《しかだこたん》が、自分の若い時の思い出をかいた随筆のなかで、淡路は京大阪から学者がよく出張講義に行ったりしたし、皆豊かであったら、書籍の貴重なものがたくさん掘り出し物にあって、古本屋の買い付けにはすばらしいところであったといっている。また山口睦斎のいた福良あたりでは、地方都市なのに学者が多く、みな好学なため、振り売りの魚屋位の者がりっぱな字を書いて、四書五経ほどのものなら暗誦しているので、うっかり他国の者が田舎者めとあなどっていると大恥をかかされたという話が、今も伝っている。

睦斎が生まれた頃に淡路で名の知られていた人では仲野安雄がある。仲野安雄も大庄屋の当主であったが、大変な著述家で、片山滴園編纂『御大礼記念淡路之誇』には、次のような伝記がかかれている。

伊加利村

碩学　修竹故仲野安雄

元禄七年生

安永七年十一月没

辨異編其他著書百余、就中常盤草を以て鳴る其篤学其勤勉其孝養其友愛其賑恤其謙遜は悉く世と人とを率ゆるに足る稀代の高士であった。翁の製つた朝鮮其他辺海の地図は陸軍省の御用となり、聖蹟研究の編述は宮内省の参考に供せらる、安部瑞穂翁と共に蔵書特に多く蔵書家を以て知らる。贈従五位故ある哉。

この仲野安雄と山口睦斎の実父の吉兵衛とは風雅の友で、仲野安雄の古稀を祝って、雅友の祝詞の初句などが数多く集められた『寿草』には（同書の編は安雄の嗣子である仲野長雄である）、父吉兵衛の作もみえている。また、『寿草』には、本家の山口甚四郎の作もみえている。淡路では武士という身分をおいて、庄屋階級で、こうした文芸によるネット・ワークが存在していた。これは、近世に至るまでに、淡路国では、坂上田村麻呂の子孫と称する田村家や、阿波の公方家である細川家の家来であった家など、中世以前からの名家の家柄・血統であることを誇りとする名門の庄屋が数多くあって、彼ら庄屋は各々は家柄を誇るが故に、婚姻も庄屋同志でしたために、それこそ淡路国の一国でと思える程に、庄屋どうしでの一体感、ネット・ワークは強くなっていた。

そうした環境のなかで、山口睦斎は生まれたのであったが、

山口睦斎旧居跡（淡路福良）

阿波藩の文治政策のなかで、淡路にはすばらしい時代が訪れつつあった。

寛政十年（一七九八）に阿波の殿様、蜂須賀治昭によって、淡路国で洲本学問所が設けられた。これは、幕府による文治政策のなかでおこった一つの行政指導である寛政異学の禁に対する、諸藩の反応の一つの例であったかもしれないが、阿波の支藩に学問所が設けられたことは、後の淡路国の文運を考える上で大きなものがある。

洲本学問所の教官には藤江《ふじえ》石亭《せきてい》と中田謙斎《けんさい》が迎えられた。山口睦斎は、この藤江石亭にはじめ学んだようである。

藤江石亭は、もともと武士とはいえ軽輩の身分出身で、苦学して学問を大成させた人物で、藩中の士人の敬意を一身に集めていた人であり、石亭が抜きんでられて学問所の教官になった折にも、誰一人として反対する者がなかったという。いかにその人柄も人格も、温厚篤実であったかであるが、それも学問によって練磨されたからに他ならない。

藤江石亭の伝を次にあげる。藤江石亭、通称を斧助、字は子文《しぶん》、諱は秀、石亭、秋月、紫外はその号である。文化十年（一八一三）五月没、享年七十五歳とも、文化十二年（一八一五）没ともいわれる。蘐園学派《けんえんがくは》の仲道斎《なかどうさい》に学び、後には細井平洲《ほそいへいしゅう》に学んでいる。逸話の多い人物で、ある年の正月、某家へ年始に行った時、受付の芳名録の先客に「左官徳助」書かれていたのをみて、すぐさま「塗り残せ」の上の句、「左官徳助」の次に「梅の窓」と続けて書き、「塗り残せ左官徳助梅の窓」と即興句を作り、人々を笑わせたという。

また、著述の大変に多い人で、『片珠経《べんじゆきよう》』『一代男』『八十九日』『三日疹』『以舌言』『俳諧雅人界』『袂草』『自凝島《おのころじま》』などと他に、即興喜劇で当時流行の俄《にわか》の台本や、淡路で流行した賃児芝居の台本を書いている。

こうした、洒落た人物でユーモアを好み、淡路の学風に独得の明るい軽快さが備ったのはこの人の影響であろう。

山口睦斎が藤江石亭に学んだことは先に述べたが、山口睦斎が大きく学者として花開いたのは頼山陽の許に参じてからのことである。

文化九年（一八一二）一月十四日、初春を迎えたばかりの淡路の洲本へ、頼山陽が浦上春琴《うらがみしゆんきん》を伴って訪れている。木崎好尚著『頼山陽の人と思想』によると、福良で、当時は山林奉行の職にもあった藤江石亭と出会ったという。山口睦斎はこの時、既に二十八歳の青年であるので、これが頼山陽との出会いのはじめの時のようである。

鳴門大橋からみえる小さな島のうちのひとつは、山口睦斎家の所有であったという話が伝っており、頼山陽一行に鳴門大渦潮の観光案内などをしたのも山口睦斎であった。

頼山陽の『山陽詩鈔』に載る、その折の山陽の詩を次にあげる。干満の最も大きな折に観潮を楽しんだのであろうか。豪快なことの好きな山陽らしい名詩である。睦斎と共に酒杯を重ねつつ、奇観ともいうべき渦潮を心から楽しんだことのわかる傑作である。

鳴門短歌示山口君亨君亨家在鳴門側　　鳴門《なると》短歌《たんか》山口君亨《くんきょう》に示《しめ》す君亨の家鳴門の側に在り

天風吹鼈廻瀾紫　　天風《てんぷう》吹《ふ》き鼈《せま》って廻瀾紫《かいらんむらさき》なり
鯨呿鼇擲誰正視　　鯨呿鼇擲《げいきょごうてき》誰《たれ》か正視《せいし》せん
君家鳴門去咫尺　　君《きみ》鳴門《なると》に家《いえ》を去《さ》ること咫尺《しせき》
双眼到処難為水　　双眼《そうがん》到《いた》る処《ところ》水《みず》を為《おさ》め難《がた》し
鴨水潺湲不容刀　　鴨水《おうすい》潺湲《せんかん》刀《いかだ》す容《べ》からず
坳堂覆杯置盃膠　　坳堂《おうどう》杯《はい》を覆《くつがえ》して盃《はい》を置《お》き膠《こう》す
胸呑雲夢無芥帯　　胸《むね》は雲夢《うんぼう》を呑《の》んで芥帯《かいたい》する無し
知君対此従哂嘲　　知る君《きみ》此《これ》に対《たい》して徒《いたづら》に哂嘲《しんちょう》するを
嗟吾南海未果渉　　嗟《あゝ》吾《われ》南海《なんかい》未《いま》だ渉《しょう》を果《はた》さず
空望海雲碧畳畳　　空《むな》しく望《のぞ》む海雲碧畳《かいうんへきじょう》 畳《じょう》
何時訪君傾金樽　　何《いずれ》の時《とき》か君《きみ》を訪《おとず》れて金樽《きんそん》を傾《かたむ》け
酔把盤渦当笑靨　　酔《よ》うて盤渦《ばんか》を把《と》って笑靨《しょうよう》に当《あ》てん

頼山陽は、その後も淡路島を訪れており、文化十四年（一八一七）にも来遊しており、その折には福良の慈眼寺（山口睦斎の墓所の寺）に独立禅師和尚の書幅を見るために立ち寄り、その時には門人の後《ご》

山口睦斎墓石（淡路福良慈眼寺）

藤松陰《とうしょういん》が同行しており、独立禅師和尚の書幅を見ての感動を漢文（二百二十一字にも及ぶ長文）に草して、清書は後藤松陰にさせたものが、今も慈眼寺には伝っている。先の「鳴門短歌示山口君亭君亭家在鳴門側」も、この時に草されたものかもしれない。

山陽は、睦斎ら淡路の門人たちを非常に愛したようで『三原郡史』によると、山陽が山口睦斎ともう一人の淡路の門人である岡田《おかだ》鴨里《おうり》（頼山陽の名著『日本外史』を補った『日本外史補』の著者として知られる）の二人に宛てた書簡も残っている。

ちょうど、こうした山陽の来遊に促がされるように、庄屋職に専念していた睦斎の近辺にも様々な変化が起りつつあった。

文化十年（一八一三）、睦斎が二十九歳の時に、師と仰いでいた藤江石亭が没した。ただし、石亭の没年は文化十二年（一八一五）説もある。洲本遍照院石亭碑文では、文化十年（一八一三）となっている。睦斎は淡路での学問の師を失ったことになる。

また、文化十四年（一八一七）、江戸時代の幕府が命じた文化的大事業の筆頭にあがる『古今要覧稿《こきんようらんこう》』

十八部門、一千巻の編纂の計画が立てられる。幕府の右筆《ゆうひつ》にして国学者の屋代弘賢《やしろひろかた》は、諸国の学者に「諸国風俗問状」を送り、協力を求めた。淡路国では、これに対して、阿波藩主蜂須賀斉昌はこれに協力すべく『淡路国風俗問状答』の著者を選任した。

その選任の著者名簿のなかに、山口睦斎の名があげられ、これが、学者としての睦斎のはじめの活躍の場となった。文化十四年（一八一七）は睦斎三十三歳の時のことである。他にも、選任された人名も含めて、それらの名簿をみると

津名郡内田村庄屋　渡辺弥三右衛門
同郡安坂村庄屋　多田包助
三原郡福良浦庄屋　山口吉十郎
同郡志知川浦庄屋　船越与一郎
（河本正義校訂『諸国風俗問状淡路国答書』）

右の内、山口吉十郎が山口睦斎で、渡辺弥三右衛門は渡辺月石、これも淡路を代表する文人学者で、渡辺月石の伝を次にあげる。

渡辺月石《わたなべげっせき》、通称を弥三右衛門、八十右衛門、字は伯陽、諱は皜《あきら》、別号を如泥、生居、築紫、我物、大馬鹿、木仙人、泥亀舎、

山口睦斎歌碑

山月居、海月庵、山海月翁、五雲閣などとする。宝暦四年（一七五四）七月生まれ、天保九年（一八三八）没、享年八十五歳。藤江石亭の門人で、漢学のみにとどまらず、和歌、俳諧、絵画、彫刻と多芸、多趣味の人物で、特に名高いのは、地誌の名著とされている『堅磐草』十巻を著したことである。

いつ頃から、睦斎が浪華に一人、居を構えて学者としての自立を目ざしたかは、正確にはわからないが、当時の文人墨客の人名録の一種である『続浪華郷友録』（文政六年（一八二三）序刊）には載せられているので、文政六年以前には、家族を福良に残して、大阪に門戸を張るべくしていたことがわかる。

大阪に来てからの、山口睦斎は苦労の連続であったらしく、岡本撫山の『浪華人物誌』によると、ある日、山口睦斎の高名を聞いて入門を申し込みにきた者があった。ちょうど折あしく、食事前であったため、しばらく睦斎先生の食事が済むまで、入門申し込み者は待たされることになった。狭い家のために食事風景が丸見えであったが、飯炊きの下女がいないために自炊は勿論のこと、なんとあまりの貧乏で食器も無くて、睦斎先生一人、竈《かまど》の前に箸を持って立ち、直接に器にも盛らずに食べていたのであった。入門申し込み者がたちまち入学辞退者となったのは当然のことである。いやしくも儒学とは道を教える学問である。あまりに無作法なということであろう。この逸話というより奇話も睦斎に関しては、当時かなりよく知られた話であったらしい。

また、今でも、山口睦斎の御子孫の間では、睦斎は、大阪に出かける時に千両持っていき、行きづまると、淡路の福良に帰ってきて千両をかついで大阪にでかけ、行きづまると帰り、また千両をかついで出かける、ということの繰り返しであったという話が伝わっている。大阪では、学者として自立するのはそれほど難しく、淡路の山口家は桁はずれの富かさを誇っていたことがわかる。

二 山口睦斎の学問

先にあげた『続浪華郷友録』（文政六年（一八二三）序刊）、に載るということは、一応は学者として、世評の高まったことを示しているので、先の奇話は、文化十四年（一八一七）以降、文政六年（一八二三）までの頃のことをいうのであろう。京都・大阪は当時、大変に秀いでた学者が多くあった時でもあり、それまで地方でしか学ぶ機会のなかった睦斎には、大阪にあって教授するというより、学ぶことのほうが多かったかもしれない。

先から山口睦斎の就学について漢学の方ばかりについてを述べてきたが、山口睦斎の魅力は彼の学問が漢学ばかりに傾かず、国学や和歌にまで及んでいたことである。例えば、当時、国学の泰斗として諸方に門人のあった大国《おおくに》隆正《たかまさ》にも入門しており、国学の体系的な学問を学んでいる。しかし入門まもない頃はしばしば厳しい叱責に会ったらしく和歌の解釈について、師の隆正に尋ねたところ、睦斎の書簡中の言葉の一つ一つにまでも戒めた隆正の書簡が残っている。長いものであるが、当時の師弟の関係がどんなものであったのか、また通信（手紙）による当時の教育がどんなものであったのかがしのばれるので、新見貫次「江戸時代の通信教育―大国隆正の山口之謙への手紙―」（『淡路地方史研究会会誌』第二号所収）よりあげておくこととする。

旅路のいそがはしき中にて筆加へたれば、何とか書付けん。そこの詠草へやがての詞、俗語なりと加筆したりとか、そはその時の心をはかるに外の人ならば、かくつかひては俗語なりとくはしくかくべきところなれど、そこは何くれとふみおほくよみ給へる人なれば、ただ心をつけたらんにはかく用ひては俗語になることもさとり給ふべくおもひてはぶきしるけん。心にもとめざりしことなればよくも覚えぬをことごとしくとがめおこされたるにたちかへりそのかきつばたのうたをみればやがての詞うまくつかひ得たりとはみえずなんある。そこは高尚か俗訳をかたくなにおぼえてやがての実をしり給はぬなり、やがての用法は即身成仏の即の字のこゝろにて身をかへずといふこゝろのことばなり。さればソノママスグニといぅ俗語訳はよくあたれり。されどその俗訳をとらへて、やがてといふ詞をいづくまでもそのまゝすぐにといふところなりといふなるはかの盲人の象を索りていへる漆桶掃箒のたとへのごときものになんある。そこの引いてみたる古文みな身のことをいへるにてもさとるべし。今おもふにソノマ、スグニといふよりはソノ身ソノママニと訳すかた、したしからん。

詞花集　山ふかみやく炭竈《カマ》のけぶりこそやがてゆきげのくもと成けれ

このうたよくやがてのことばをつかひ得たり。これにてこのことばのこゝろをうまくさとり給へ。

後拾遺集　まだよひにねたる萩かな同じ枝にやがておきぬる露もこそあれ

このうたなどはそのまゝすぐにと訳しては作者の主意をうしなふ、宵より身をかへずソノ身ソノママと訳すかたよろしからん。

金葉膾西上人　のりのためになふたさぎにことよせてやがてうきよをこりぞ果ぬる

千載　きよくすむ心のそこをかがみにてやがてぞうつるいろもすがたも

若紫　みても又逢夜まれなる夢の中にやがてまぎるる我身ともがな

いづれもそのまますぐにの俗訳よくあたりてあれどもことばの実は身をかへずといふこころなり。西行法師のよしの山やがていでじとおもふ身を花ちりなばと人やまつらんなどは古格にいささかたがひてききなさるれど身とあるにて猶古詠のこゝろをうしなはぬなるべし。

新古今集のうたの作者にいたりてはあやまりそめつとおもはるるもまじりてあれど千載集以上のうたは皆身をかへずのこころなり。

そこのかきつばたのうたは俗意にききなさる。そはかきつばたは彼なり。さそはるるは我なり。身をかへずのこころにならず、ほどもなくの意にきこゆ。やがてをほどもなくの意に用るは俗語なり。われはかくおもひとりてありしにより俗語なりとはしるしたりけん。近古の人もそこのごとくただそのままにといふ心なりとみてそれよりおもはずほどもなくといふこころに用ひなりたるものなるべし。正徹ものがたりなるもそれなり。さればことばは末の俗訳をたのみてもとのまことの意をあやまるべきものにはあらずと心得給ふべし。そこの文中に「いかで俗意によめるうたならんや」などかかれたるは弟子の師にむかひていふべきことばともおぼえず。さありたしかにしりてあらんには師をたのむに及ばぬことなるべし。そこのこのみ給ふから学びにはさる礼あるかしらねども、わがたつる神道よりいへば弟子の師にものとふには、こころをくだし、ことばをひくくしそのをしへをこふものにこそあれ。文中に「この外にもやがての辞おほし、さるを打まかせて俗語と定むべしや」また「やがての詞俗語ならば、すべて歌文に用ふべからぬことにや」などあるは無礼なるうへそこの浅学をさへあらはせり。やがてのことばの例証をしかばかりおほくしりてあらんには歌に用ひたるを引出ていふべきことなるを歌は一首もひきいでず。消息文例に歌文といへることばあるをよすがにして「うたに詠むことばなること勿論なり」とかけるは拙し、そこはさばかり浅学にてはあらじとおもへるにより俗語なりとは加筆したりけん。やがてのことばの古歌古文におほかるをたれかはしらざらん、さるを俗語なりとしるせるは用法のことなりと、はじるかるべきことなるを、さもおもひさとらぬはきのふけふうたのみちにいりたてる人のごとくにこそあんなれ。

文中に「古の歌人にみせ侍るにこの歌咲よりすぐにといふ心よく聞ゆべしといづれも申侍り」とあるもこころえず。そこはわが弟子にあらずや。弟子は師の教にしたがふものとおもふを隆正が教をきかず、いふにもたらぬ古の歌学者共にとひ定めて師をなじり閉口させてこころよしとおもはんとてのしわざならん。いまよりのちはさるかたまじき心をあらためてまことしきものまなびをし給へ。又わが説にもあやまりのいかでなからん。そこにたしかに例証をみいでてこの説はあやまり給へるにやあらん。かの説はかくこそあらめなどおだやかにとひおこせたらんには師弟のまじはりもあつく学のためにもよろしからんをかくさまにいひおこせ給ふはかへすがへすこころえずなん。

野之口隆正

山口敏樹ぬしへ

文中のあやまり一つ二つ
心ひかるるとなりの語格たがへり。とはきるることばをうけて下へつづかする詞也。ひかるるにてきれ、ひかるるにてつづくされば心ひかると也といふべし。ひかるると也とはいふべからず。用ゆのかなたがへり、用ふとかくべし、縣居翁は用ゆとかかれたれど本居翁の用ふのかなを用ひられたるにしたがふべし

右で、野之口隆正が大国隆正のことで、古語の「やがて」の語意についての説明であるが、それよりも、睦斎（山口敏樹とあるのが山口睦斎のこと）の手紙にあった言葉に怒りをあらわにしていることの方が興味深い。大国隆正は長寿の人で明治四年（一八七一）八十歳で没するまで多くの門人を各地に持っていた。

隆正は特に淡路国とは関わりが深く、門人から養子となった大国正武《まさたけ》も淡路の人である。

大国隆正の小伝を次にあげておく。最も手身近な書籍でいうと『国学者伝記集成』には十三頁にもわ

たって書かれているで詳細はそちらに譲る。大国隆正、氏は藤原、姓は今井また山本、野々口とも、薫太郎、薫一郎、一造、匠作、総一郎、仲、仲蔵、仲衛、中司などと称す、字は子蝶、名を秀文、秀清、号は戴雪、天隠、如意山人、佐紀乃屋、葵園、居射室、真爾園、竹屋、天桂山人などと称す。江戸の津和野藩邸に寛政四年（一七九二）生まれ。明治四年（一八七一）八月十七日没、享年八十歳。本居春庭《はるにわ》、村田春門《はるかど》に和歌・国学を学ぶ、特に音韻、文法に興味を持って入門したという。また、平田篤胤《あつたね》にも学んだ。

山口睦斎は、漢学の著述の時には、睦斎、また之謙、または南浦の号を用いて、和歌を詠んだり、国学の著述の時は敏樹（俊樹とも）の名を用いている。地元の福良では、今でも、山口睦斎のことを「ナンポさん」と呼んでいる。

山口睦斎は、他にも様々な人々に学んでいる。淡路文化資料館蔵の『大江《おおえ》広海《ひろみ》大人《うし》四拾番歌合』をみると、山口睦斎の和歌がみえており、西宮の神官吉井《よしい》良運《よしかず》らと共に大江広海に和歌を学んでいたことがわかる。京大阪は当時あらゆる学問芸術の師匠、先生の集まったところであるため、地方や近郊都市へ出張することで門人を獲得する学者も多かった。その一人が大江広海である。

大江広海は京都で門戸を開いていた歌人であるが、当時の京都の歌人といえば堂上派の地下歌人や香《か》川景樹《がわかげき》の門流である桂園派《けいえんは》、本居宣長《もとおりのりなが》の門流の鈴屋門《すずのやもん》、富士谷《ふじたに》御杖《みつえ》の門人たちの北辺門《きたのへもん》などが各々盛んであったなかで、大江戸風といわれた江戸《えど》派の歌人で、大変珍しい存在であった。大江広海も、もともと越後国五泉《ごせん》の出身で、江戸に出て村田《むらた》春海《はるみ》に和歌を学んでから、京都に上ってきたのであった。村田春海は、江戸時代のいわゆる近世雅文集の傑作とされている『琴後集《ことじりしゅう》』の作者として知られているし、天保十大通の一人ということでも知られた通人である。大江広海、姓は早川とも、通称を復蔵、靭負、字を師竜、景迹、名は匡道、号を樫園、健斎、県斎、鷗居、謙斎と称する。明和六年（一七六九）生まれ、天保五年（一八三四）六月二十三日没、享年六十六歳。

山口睦斎が、敏樹（俊樹）の署名で短冊に和歌を認める時の筆跡は、大江広海の筆跡書体と酷似しており、かなり強く影響を受けたかと思われる。

もう一人、睦斎に強い影響を与えた国学者がいて、富樫広蔭《とがしひろかげ》がその人である。富樫広蔭は文法、音韻研究で大きな業績をあげた人で睦斎は文法、音韻学には強い興味を持っていたようである。

富樫広蔭は、寛政五年（一七九三）生まれ、明治六年（一八七三）八月二十四日没、享年八十一歳。本居大平《もとおりおおひら》、本居春庭《もとおりはるにわ》に学ぶ、特に文法学に心を寄せて、その分野における著述が多い。特に『詞玉橋《ことばのたまはし》』は広蔭の代表的なものである。他にも著述として『言霊幽顕論』『百人一首活用解』『源氏物語類語詳解』『類言詳解』『万葉集類辞解』『古今集遠鏡霧払』など多くのものがある。

富樫広蔭が和歌山に門人が多かったのは当然のことであるが、淡路にも門人は多く、広蔭の門人たちの和歌を集めた社中歌集『樫の若葉』天保元年刊（一八三〇）には淡路の人々に次のような人々がある。

賀集民平　牛尾以直　江本景韶　高田重晴　森崎繁一　前浤丢道　賀集久友　欅田

義和　藪徴

右のなかで賀集珉平《がしゅうみんぺい》は幕末から明治期にかけて盛んであった珉平焼の創始者で、牛尾以直《うしおじちょく》は阿波藩士で洲本学問所教官になった人物で、共に山口睦斎の門人である。他の人々もその大半は睦斎の仲介をもって、海のむこう和歌山にいた富樫広蔭に入門したものであるらしい。

三　山口睦斎をめぐる京阪の人々

当時流行の類題歌集である『類題和歌鴨川三郎集』に、次のような睦斎（敏樹）の和歌がみえている。

頼山陽が妻、夫におくれて後、まめやかに子どもおぶし立るをめでて

たらちねのいさめ朽せぬくすのきの

ためしをふみの林にも見ん

天保三年（一八三二）九月二十三日、京都で頼山陽没した後も、睦斎が頼家を訪れることはあったらしい。楠正成《くすのきまさしげ》の戦死後、遺児の正行《まさつら》を養育した賢夫人の故事を踏まえた和歌である。

この天保年間頃からが、睦斎の学問的成熟期といってよいであろうが、睦斎の当時の交流をみると京阪で一流の人物ばかりである。しかもその人物たちの専門分野が様々なことにも驚かされる。その一人に緒方洪庵がある。安政四年（一八五七）三月二十九日、大阪の安居《やすい》天神社の境内で、大阪の文雅風流を好む人々を集めての尚歯会《しょうしかい》が催された。中心となって人々の寿詞《じゅし》を受けたのは次の老人たちであった。

三浦道斎、権律師窓明《ごんのりつしそうめい》、谷口益廉《ますかど》、真佐木元興、山川正宣、佐藤光義、法眼《ほうげん》顕井《あきらい》広出《ひろいで》、田川重治、
山西保平

当日は天候もよく、この雅びな会に参観者は「数十百人」にも及んだという。その折の参加者の和歌や漢詩漢文の作を集めた書冊が『安政丁巳浪華尚歯会記』（管宗次・郡俊明編著『安政丁巳浪華尚歯会記と山口睦斎』）で、平安時代の昔に、藤原清輔の発企、宝荘厳院尚歯会に倣い催したものであるが、古式を模して、作法を守り、「幕春尚歯会」として各々老人たちが和歌などを詠じ、参会者は当座題の「見尚歯会」の和歌などを献じた。それらをまとめたもので、わずか十四丁という薄冊なものであるが、これをまとめて浄書したのが山口睦斎であった。そのなかに、緒方洪庵の和歌が一首みえており、次にあげる。

八千歳を神にちぎりてひろまへに
老木花さく春やいくはる　緒方章

緒方章《あきら》は洪庵のことである。他にも春日頤や武中孟満、太田崎村といった医者や、国学者では山川正宣、遠州流の茶道宗匠の青木宗鳳、漢詩で知られた竹鼻纜山《らんざん》、画家の高島千古《ちふる》（春松とも称する）、文雅僧の窓明など当時一流の人々が参座している華やかな会で、その座の運営の中心にあって、睦斎の交流の広かったことが思われる。同書巻末の山口睦斎の漢文を次にあげる。

詳予法苑珠林
一昼夜歎五十年、五百年遥四王天、々部寿量寧得等、神通君家入彫鐫、意匠白豪又黄面、却自金仙

学歌僊、墨江松月将杖国、南山泉石夙成篇、尚歯会得七才叟、安井祠頭芳樹前、維時暮春々鶯囀、絲管和暢静綺筵、金罍礼酌不横肱、文几朗吟堪比肩、承安旧典今如見、卅一字新幾綵箋、九老世遠人徒慕、六逸情同名欲伝、皓首非君久交善、誰令盛挙與悠然、於戯十萬富庶三郷裏郷党達尊着先鞭

（詳予法苑 珠林《しょうよほうえんのじゅりん》
一昼夜五十年《いっちゅうやごじゅうねん》を欺《あざむ》く、五百年遥《ごひゃくねんはる》か四天王々部《してんのうてんぶ》寿量《じゅりょう》 寧《やす》く得《う》る等《など》、神通君家《しんつうくんけ》彫錐《ちょうせん》に入《い》る、意匠《いしょう》は白毫又黄面《はくごうまたこうめん》、却《かえ》て金仙《きんせん》より歌僊《かせん》を学《まな》ぶ、墨江松月将《ぼくこうしょうげつまさ》に杖国《じょうこく》す、南山《なんざん》の泉石夙成《せんせきしゅくせい》の篇《へん》、尚歯会七才叟《しょうしかいしちさいそう》を得《え》て、安井祠頭芳《やすいしとうほう》樹《じゅ》の前《まえ》、維持暮春々鶯囀《いじぼしゅんしゅんおうてん》、絲管《しかん》は和暢《わちょう》し静《しずか》なる綺筵《きえん》、金罍礼酌《きんるいれいしゃく》 肱《ひじ》を横《よこた》えず文几朗吟比肩《ぶんきろうぎんひけん》に堪《た》う、承安《しょうあん》の旧典《きゅうてん》 今見《いまみ》るが如《ごと》し、卅一字新幾綵箋《みそひともじしんきさいせん》、九老世《きゅうろうよ》に遠《とお》く人徒《ひといたずら》 に慕《した》う、六《むっ》つの逸情《いつじょう》 同じく名の伝わらんことを欲す、皓首君久《こうしゅきみひさ》しき交善《こうぜん》にあらず、誰《たれ》か盛挙悠然《せいきょゆうぜん》とせしむ、戯《たわむれ》において十萬《じゅうまん》の富庶三郷《ふしょさんごう》の裏郷党達《うちきょうとうたち》 先《せん》鞭《べん》に着《つ》くを尊ぶ）

山口睦斎と同じく京阪に淡路から出てきていた者も、みな山口睦斎らと共に同じサークルやサロンを形成するメンバーとなっており、例えばその一人に画家の藪長水《やぶちょうすい》がある。藪長水は、緒方洪庵の肖像画を描いたことで知られており、『大阪の除痘館』（一九八三年四月一日刊、㈶洪庵記念会発行）には、洪庵の肖像画は明治になって描かれたものもあるが、生前に描かれたものとしては四点が伝存する。一つは四十歳の時の肖像画で、手に取った蘭書に眼を注いでいる姿。画家は南譲、一八五〇年（嘉永三）に篠崎小竹が賛文を付している。他の三点はいずれも藪長水の手になる。

そのうち、膝の上に蘭書を開いている姿の画は洪庵五十歳の時のもので、賛は後藤松陰。背後に刀架を配した肖像画は制作年がわからないが、藪長水の肖像画中では最も優れた出来を示す。この肖像画と、別にカラーで収録した種痘の歌入りの肖像画には、共に一八六二年（文久二）上府するさいに自賛しているが、あるいは適塾と除痘館にそれぞれ別にのこしていったものであろうか。（古西）

緒方洪庵の自賛とは、次のようなものである、

おほやけのおほせをうけて
戌の八月いつかの日あづまに
下るとて旅たち侍るによみて
遺しける

よるべぞとおもひし
ものをなにはがた
あしのかりねと
なりにけるかな
章

藪長水は、『大阪人物誌』には、次のようにあるが、

・藪長水
藪氏、名は良、字は大造、長水或は蝶睡と号す、浪華の人、藪鶴堂の男なり島之内長堀橋の南に住す書法を岡熊岳に受けて山水花鳥等を能くす
・歿年　慶応三年四月廿五日
・墓所　大阪市東区八丁目寺町　梅松院

とあって、浪華の人とあるが、淡路の人で、長水の代より大阪に住むようになったのである。また長水の父の藪鶴堂は大阪の懐徳堂まで学びに来たようであるが、生活の中心は淡路で、その墓所は山口睦斎と同じ淡路の福良にある慈眼寺である。

こうした淡路出身者による文化グループが、各々の大阪での学問のネットワークを張りながら、互いの交流を広めていったようである。

緒方洪庵の肖像画に賛をしていた人物の一人、篠崎小竹《しのざきしょうちく》は大変に当時売れていた学者で他人の漢詩文集の序文を頼まれたり、揮毫を頼まれたりで、周りの漢学者たちからうらやまれていた人物である。この篠崎小竹は頼山陽没後の京大阪の漢学者としては頂点の人でもあったため、山口睦斎は、この睦斎に漢詩文を学んでいた。次に紹介するのは、この作によって、京大阪でたちまちに睦斎の漢学者としての文名が高くなったというもので、『観楓八記《かんぷうはっき》』という。

四　山口睦斎『観風八記』

山口睦斎の代表作とされている『観風八記』は、山口睦斎の伝記が書かれた本には必ず書名にあがるものであるが、原本が所在不明で、まだその活字化がない。近年、写本ではあるが、やはり淡路の名士である古東氏の蔵本を、平山毅卿《ごうきょう》という人が明治十五年春に転写したものを筆者が入手することとなったので、ここでその内容を紹介する。睦斎が天保十四年（癸卯）閏九月に京都両替街にいた折、高雄山や地蔵院、北野、東山などなど紅葉の名所を訪れた紀行である、第一から第八まであって、八景八記となっている。途中に様々な人々ともあっており、加茂の神官で歌人の松田直兄《なおえ》の家に立ち寄ったりしているのも興味深いが、なんといっても巧みな表現と、見事な情景描写、古典故実を踏えた語の豊富な使用などに当時の一流の漢学者たちは称賛を送ったのであった。

この『観風八記』には、篠崎小竹《しのざきしょうちく》や頼士剛《らいしごう》や奥野小山《おくのしょうざん》、安田随斎《やすだずいさい》といった人々の評語などが入っており、本文の頭注形式で施されれている。例えば、当時「文は小山」と世に称されていた奥野小山は、

小山曰《しょうざんいわく》　欠《か》ク二貴船之《きぶねの》遊《ゆう》ヲ一雖可ベシレ惜《おしむ》

として、貴船を取りあげることが無くて惜しむべし、と京の行楽通ぶりを示して、なおかつ、紅葉の様子を活写していることを賞賛している。奥野小山は、京阪の漢学者のなかでもむつかし屋で通っていただけに、睦斎に対しては非常に親しい関係にあったかと思われる最高級の賛示といえよう。

また、評語のなかには、

春琴之《しゅんきんの》画不《ざ》レル易《やすから》ニ字《じ》写《しゃ》一処南浦《なんぽ》之《の》文《ぶん》一々《いちいち》写《うつし》尽《つくす》何等《なんら》巧手《こうしゅ》タル

として、南画の大家である浦上春琴《うらがみしゅんきん》が絵画になしえなかった紅葉の美を南浦《なんぽ》（山口睦斎）は、その一つ一つを見事に写し尽しており、なんという「巧手」であるかとまで激賞している。

では「観楓八記」のあらましを紹介していくこととしよう。天保十四年（一八四三）の九月、睦斎はその時に京都の「両替街」の「牧贛斎塾《まきこうさいじゅく》」に寓居していたが、都の人がいうのに高雄の通天橋は紅葉がすばらしく「今秋秋色当勝去秋去（今年の秋のは去年の秋よりもすばらしい）」というのをきいて、塾生の「田宮三良《たみやさんりょう》」と出かけることにした。これが「観楓八記」の発端である。そしてどうせ行くなら処々の紅葉をもみてまわろうとのこととなり、嵐山にも行こうということになった。山口睦斎らしい、行動力のある話だが、淡路出身の睦斎には洛中の紅葉狩りを楽しみ、詩文をものするという目論見が当初からあったようである。

そして、早朝起出して二條城を横にみて、千本通を抜け、途中は茶店に憩ったりしながら、太秦《うずまさ》を通り嵯峨の臨川寺までようやく至り、嵐山の峡の間に白雲がかかったなかに、紅葉の盛りをみている。漢学者は、自らの博学と才識を誇るために、わざわざ難しい漢字を絢爛と並べて、その重厚さ、華麗さを競うところがあるが、睦斎の嵐山の風景描写を一部抜抄してみると、

積翠間爛紅如燃娟々与清流相映、

猶巫山之曙、彷彿神女衣碧羅

而襲綉袿、翻紅袖、較之花時々之清麗、則覚蒼茫幽奥中、有別様光彩、

（積翠《せきすい》の間爛《かんらん》 紅燃《こうもゆ》るが如し娟々《えんえん》として清流《せいりゅう》と相映《あいえい》ず、猶巫山《なおふざん》の曙《あけぼの》のごとし、彷彿《ほうふつ》とする神女《しんにょ》の衣碧羅《いへきら》、しこうして襲《かさね》の綉袿《しゅうけい》、紅袖《こうしゅう》を翻《ひるがえ》し、較《かく》の花時々《はなときどき》の清麗《せいれい》、則《すなわ》ち覚《さむ》る蒼茫幽奥《そうぼうゆうおう》の中《うち》、別様《べつよう》の光彩に有り）

といった華麗な表現でつづられている。睦斎は、渡月橋を渡り、天龍寺、清涼寺を過ぎ、広沢池までたどり着くと、鳴瀧にまで歩みを進め、途中に頭上に「薪柴」を載せた婦人をみかけ、「矢野大原」と似た風俗と記している。さらに高雄山に達し、

崕皆老楓、凡除山之層巒翠微無一樹不紅葉恍然

（崕皆老楓《がいみなろうふう》、凡《およそ》山の層を除き巒翠《わいすい》微《わずか》に紅葉にあらざる一樹《いちじゅ》として無《な》く恍然《こうぜん》たり）

と見事な紅葉をながめ、平日は女人禁制であるのが、紅葉の頃は許すため、多くの婦人が出入りするのを珍しがったりもしている。折良く天気も良好で、すばらしい高雄の紅葉見物であった。

次は「観楓第二」で、地蔵院からはじまっている。ここでは、高雄の神護寺の境内の堂宇《どうう》と、それを取りかこむ紅葉を描き、さらに高山寺にも進み、

夾水老楓多合抱者、権枒烏林而斑文韜文、鳳凰朱雀、鄴中錦署之巧

（夾水《きょうすい》 老楓《ろうふう》多く合抱《あらかかえる》は、権枒《そうが》烏林《うりん》して斑文韜文《はんもんとうもん》して、鳳凰朱雀《ほうおうすざく》、鄴中《そうちゅう》 錦署《きんしょ》の巧《こう》）

とほめたたえ、ここでは高山寺の名刹としての由緒や堂宇の見事さ、境内の格調を記している。途中で

茶店に立ち寄り一盃ものしたようでもある。

行厨與榼瓢縱横飲宴、乃有詠詩歌又吹笛者、余興益逸
（行厨《ぎょうちゅう》榼瓢《さんひょう》と縱横《じゅうおう》飲宴《いんえん》、乃《すなわ》ち詠詩歌《えいしいか》有《あ》り、又《また》吹笛《すいてき》の者《もの》、余興《よきょう》益《ますます》逸《いつ》なり）

山口睦斎は、雅楽の吹笛にも長じていたという伝えが地元の淡路の福良にはあったが、この一行によって、それが事実であったことが確認できる。一代の風流人、睦斎の姿が彷彿として浮かぶ。錦雲溪を中心とする高雄の紅葉を充分と堪能する山口睦斎一行であった。

さて「観楓第三」は、地蔵院から、洛中へ帰るまでの記となっている。嵐山を通り、栂尾も抜け、洛中に帰っているが、途中で、北野から加茂へ行き、

欲訪歌匠松田豫州
（歌匠《かしょう》松田《まつだ》豫州《よしゅう》を訪《とぶらはん》と欲《ほっ》す）

と、松田豫州を訪れている。松田豫州とは、松田伊予守で、上賀茂神社の神官である松田《まつだ》直兄《なおえ》のことであろう。松田直兄は、当時の京都歌壇の神官の歌人としては最も著名な人で、特に松田直兄は賀茂県《かものあがた》主《ぬし》として重んじられていたこともあって、別格の扱いであった。松田直兄、通称を和右衛《かずえもん》、松之介《まつのすけ》、幼名は竹松《たけまつ》、越中介から伊予守に進んだ。名は直慶《なおえ》、直江《なおえ》とも書き、号を藤園、嘉永七年（一八五四）年二月二十日没、享年七十二歳。ちなみに、松田直兄は『金葉和歌集』三奏本の古写本を所持しており、それをそっくりに模刻した板本を出版したことでも国文学研究史上注目される人物である。

その松田直兄と山口睦斎の交流が知られるのも、この資料がはじめてである。

「観楓第四」は、紫野大徳寺《むらさきのだいとくじ》を経て、上加茂の松田直兄の神官屋敷の庭の見事さと、御手洗《みたらし》川の清流を引き入れた庭にある一株の楓の名木のことを記している。

訪松田直兄翁、翁国風旧知也、宅有小園池、引御手洗之清流以養衆魚、幽趣可愛、談間問貴船紅葉、日秋色極圭、然空山過清、都人亦寧窮探者、子酷愛楓乎、吾庭一株亦名楓也、大葉掌大、為世無匹、起摘二三葉以示、余曰足矣

(松田直兄翁《まつだなおえおう》を訪《とぶら》う、翁《おう》は、国風《こくふう》の旧知也《きゅうちなり》、宅《たく》に小園池《しょうえんち》有《あ》り、御手洗《みたらし》の清流《せいりゅう》を引き以《も》って衆魚《しゅうぎょ》を養《やしな》う、幽趣《ゆうしゅ》愛《あい》すべし、談間貴船《だんかんきぶね》の紅葉《こうよう》を問《と》う、曰《いわ》く秋色極圭《しゅしょくきょくけい》、然《しか》れば空山過清《くうざんかせい》、都人《とじん》また寧窮探《ねいきゅうさぐる》は、子《し》楓《もみじ》酷愛《こくあい》するや、吾庭《わがにわ》の一株《いちじゅ》また名楓《めいふう》なり、大葉《おおば》は掌大《しょうだい》、世に無匹《むひつ》と為《な》す、二三葉を起摘《おきつ》み以《も》って示《しめ》す、余《よ》曰《いわ》く足《た》れりと)

松田家の庭の楓樹はよほどの珍種であったようで、一葉の葉っぱの大きさが掌《てのひら》ほどもあったという。先にも述べたが、松田直兄とは「国風」の「旧知」というから、和歌での交流があったことになる。松田直兄を通して、加茂社の社庫の貴重な書籍を拝閲することができたのであろう。他の山口睦斎の著書のなかに、加茂社の社庫の書籍の引用があることの理由もこれによって察せられる。

「観楓第五」は、東福門院の「火場」で、平常見物の人をいれない東山光雲寺を訪れている。ここは有名な庭があって「美楓」といい、秋の紅葉頃のみ、人が入ることを許すという。順正書院を経て南禅

寺に至り、南禅寺の塔頭を順にまわっている。

天授菴東漸寺、諸名庭、而入光雲院、院莫非佳林泉、而光雲最清潔、其書院乃板倉周州、喜捨所創云

（天授菴寺《てんじゆあんてら》の東漸《とうざん》、諸名庭《しよめいてい》、光雲院《こううんいん》に入る、院《いん》は佳林泉《へきりんせん》に非《あらざ》る莫《な》し、光雲最《こううんもっと》も清潔《せいけつ》、其書院乃《そのしよいんすなは》ち板倉周《いたくらしよう》州《しゆう》、喜《き》捨創《しやつく》る所《ところ》と云《い》う）

この折は、南画家として知られている文人の第一流である浦上春琴《うらがみしゆんきん》と山口睦斎と他に二三人を伴い、閏《うるう》九月十六日にでかけたという。春琴は、手帖にスケッチをしたものらしいが、漢詩もしたようである。文人としては当然のことであるが、睦斎と楽しんだことを思うと興味深い。

諸子分韻賦詩、又手談数局、斜日已斂昏、月出東峯上、玲瓏清影、鋪地如氷、照樹如錦、可望可翫可唫、而光彩之美不可挙状也、雖春琴之善画、恐不易写矣

（諸子分韻詩《しよしぶんいんし》を賦《ふ》す、また手談数局《しゆだんすうきよく》、斜日已《しやじつすで》に斂昏《れんこん》、月《つき》は東峯上《とうほうじよう》に出《いで》、玲瓏清影《れいろうせいえい》、鋪地《ほち》氷《こおり》の如《ごと》し、照樹錦《しようじゆにしき》の如《ごと》し、望《のぞ》むべし、翫《もてあそ》ぶべし、唫《ぎん》ずべし、しこうして光彩《こうさい》の美《び》挙《あ》ぐべからざる状《さま》なり、春琴《しゆんきん》の画《え》善くするといえども、恐《おそ》らくは写《うつ》すに易《やす》からず）

「観楓第六」は、真如堂へ行くが真如堂は葉色の多くが黄色で、これも「一種雅観」と言うが、やはり真如堂のより永観堂の方がすばらしいと、聖護院を通り、岡崎を経て、永観堂へでかけている。さすがにここはすばらしく、境内の茶店に休むと、

時夕陽横射、蘸紅徹底、余下階坐店、而移時、忽山風颯然、陳々愈疾千紅万黄飄々片々颺空点池合林之声與松韻雑嘈

(時《とき》に夕陽横射《せきようおうしゃ》し、蘸紅徹底《くんこうてってい》、余《よ》は下《か》階店《かいみせ》に座《ざ》し、しこうして時移《ときうつ》る、忽《たちま》ち山風颯然《さんぷうさつぜん》、陳々《ちんちん》愈《いよいよ》　千紅万黄《せんこうばんこう》飄々《ひょうひょう》片々《へんぺん》颺空点池合林《へきくうてんちごうりん》の声《こえ》松韻《しょういん》と雑嘈《ざっそう》)

といった絶景で、ここでは七絶二首をも得たという。

「観楓第七」は、通天橋こそ京都ではすばらしい紅葉だときかされ、是非とも自分の目でも確かめようということになって東福寺にでかけている。東福寺の境内の描写からはじまり、

山門巍然、仏殿宏麗、置金銅数大像、非尋常之観、而七堂伽藍中、人惟称楓之美、而不暇感仏之偉也、

(山門巍然《さんもんぎぜん》、仏殿宏麗《ぶつでんこうれい》、金銅《こんどう》数大像《すうたいぞう》を置《お》く、尋常《じんじょう》の観《かん》に非《あら》ず、しこうして七堂伽藍《しちどうがらん》の中《うち》、人惟楓《ひとただもみじ》の美《び》を称《しょう》す、しこうして仏《ほとけ》の偉《い》を感《かん》ずる暇《いとま》あらずなり)

としるして、かつて、大阪の細合半斎《ほそあいはんさい》が東福寺で、漢詩をつくったことがあったことをしのんでいる。これは注によると『日本詩選《にほんしせん》』に載るところであるという。

「観楓第八」は、全文のしめくくりになっており、大和の龍田の紅葉を天満にいた山口信卿《のぶさと》と共にでかけようということになって計画していたが、急務で信卿が淡路へ帰ってしまったので、独りで行くのもつまらなく思いやめてしまった。また梅花書屋(篠崎三島《しのざきさんとう》)の塾生二三人と箕面に紅葉狩りに行こう

と思っていたのが、自分一人でおくれて、でかけようと思った頃には、紅葉の時期は過ぎていたという。

そして、しめくくりに、

栂尾楓之艶者也嵐之幽者也永観楓之奇者也通天具体而微若高雄則謂之集大成可也

（栂尾《とがのお》の楓《もみじ》の艶《えん》なり、嵐山《あらしやま》の楓《もみじ》の幽《ゆう》なり、永観《えいかん》の楓《もみじ》の奇なり、通天《つうてん》は体具《ていそなわ》りて、高雄《たかお》則《すなわ》ち之《これ》を謂《い》うに集大成《しゅうたいせい》なるべし）

これらの総評として、当時の最も重んぜられた漢詩人であった篠崎小竹《しのざきしょうちく》の文があって、

楓之勝処々異趣所引喩典故亦不重複見作者苦心也、但形容文勢未能一々改観為可恨耳　小竹散人閲

（楓《もみじ》の勝処々《しょうしょしょ》趣《おもむき》を異《こと》にする所、引喩《いんゆ》典故《てんこ》また重複《ちょうふく》せず作者《さくしゃ》の苦心《くしん》見るなり、但《ただ》し形容文勢《けいようぶんせい》いまだ能《よ》く一々《いちいち》改観《かいかん》せざるため恨《おし》むべしのみ　小竹散人閲）

と、高い評価を得ている。多くの写本がつくられて広く、文人らの間に読まれたはずで、多くの書籍が、その書名を伝えながら、これまで伝本が聞かれなかったのは誠に残念なことであった。この写本は明治十五年に古東氏蔵本を、淡路の「平山毅卿」という人物が写した写本であるから、古東氏蔵本というのは今も子孫の家に残っているかもしれない。

五　山口睦斎が育てた人々

山口睦斎の門人は、後の淡路の文化を経済や行政とあらゆる分野にわたっての活躍があった。

賀集《がしゅう》珉平《みんぺい》については、先にも少し述べたが明治時代になって殖産興業が叫ばれた時に、淡路においては外貨獲得のために、大きな力を振ったのが陶器製造の珉平焼である。中国や西洋人に好まれる華麗な陶器であったが、これは京都の清水焼の影響で、尾形《おがた》周平《しゅうへい》の指導によるものであった。当時、名工として知られていた清水焼の尾形周平と賀集珉平との出会いに関わったのが山口睦斎であったらしい。

また他には、睦斎の門人としては、先に牛尾《うしお》以直《じちょく》の名のみをあげたが、牛尾以直の伝を次にあげる。

通称茂助、桃林、退山、と号した。洲本紺屋町の住み、阿波藩士、山口睦斎、中田《なかた》謙斎《けんさい》、藤江石亭に学び、洲本学問所の素読《そどく》方を勤めた。後に格は進められ、御儒者役となっている。明治六年（一八七三）十月九日没。

また、幕末淡路の勤皇家として知られる武田《たけだ》萬太《まんだ》夫《ゆう》も睦斎の弟子である。『淡路の誇』には簡にして明なる伝記があるので、次に抜抄する。

八木村

志士　故武田萬太夫

文政八年一月生

明治廿一年四月歿

鉄石奎堂等と往来し安政年間尊王攘夷論沸騰に際し卒先猟師隊を編成、後ち藩の農兵隊長となり、文久三年天誅組に連座し在獄四年七ヶ月、王政維新の大業成り多年の宿志酬ゐられて囹圄を脱した、晩年甲作と改名神戸に病歿す田村平一郎、増井文太と共に三幅対で知られた勤王家で近く頌徳碑が郷土に建てらるゝ筈。

この武田萬太夫の農兵隊は西洋式訓練をしたものらしく、萬太夫の心づもりでは、この農兵隊を率て、松本奎堂《まつもとけいどう》、藤本鉄石《ふじもとてっせき》らの天誅組の旗上げに加わわる計画であったらしい。

この農兵隊の訓練は淡路でも大変に珍しく、その訓練をみた睦斎が次のような漢詩をつくっている。

聞香舎　海上風波屯戍兵
新年旦静去年情
皇朝鳳暦頒蝦島
蕃使貂冠拝柳営
花木向栄春更好
童蒙求我学将成
況今武備兼文事
習作西洋礮隊声
安政戊午元日作　睦斎〔山口君 之謙亭氏〕

海上《かいしょう》風波《ふうは》屯戍《とんじゅ》の兵《へい》
新年旦静《しんねんたんせい》年情を去る
皇朝《こうちょう》の鳳暦《ほうれき》蝦島《かとう》を頒《わか》つ
蕃使《ばんし》の貂冠柳営《ちょうかんりゅうえい》を拝《はい》す
花木《かぼく》は栄春《えいしゅん》に向《むか》い更に好し
童蒙我学《どうもうわががく》のまさに成らんとするを求む
況《いわん》や今武備《いまぶび》文事《ぶんじ》を兼《かね》る
習《なら》いて作《つく》る西洋礮隊《せいようほうたい》の声《こえ》

記録では、安政元年（一八五四）年十一月に阿波藩は幕府の命令によって、由良と岩屋に海防のための砲台築造を開始すると共に、安政四年（一八五七）十月より西洋式訓練もはじめたという、右の「安政戊午」は安政五年（一八五八）にあたり、睦斎七十四歳にあたる。右の漢詩は睦斎の子孫にあたる山口忠之氏に今も大切に保存されているものの一幅である。他にも多くの人がいるが、大阪での睦斎の弟子に、伊藤雪香《せっこう》がある。雪香は睦斎が大阪を去り没した後は、江戸の昌平黌《しょうへいこう》に学び明治維新後は東京外国語学校や師範学校の教授となり、明治期の近代教育のなかで活躍した人物である。

もう二人、淡路の人をあげておきたい、倉本櫟山《くらもとれきざん》と久保田南里《なんり》が、その二人である。

この二人は明治の行政家、役人として活躍した人物で、倉本櫟山は漢詩文集『櫟山詩存』（明治二十二年（一八八九）刊）を出すほどの人であったが、行政家としてすぐれており、津名郡兼三原郡長、また神東神西二郡長（神埼郡長）を勤めて能吏の評が高かった。通称は雄三、書にも巧みであった。明治三十年（一八九七）没、享年五十六歳。

久保田南里は、名東県中属洲本支庁長を勤めたが、明治九年（一八七六）没、享年四十四歳であった。他にも数多くの様々の分野において、睦斎の門人たちは日本の近代化のなかでの活躍があった。

六　山口睦斎という人物

日本の近代化の成功は、なんであったのか様々な説があるが、江戸時代の永い平和な時代において、学問による人格の形成、学問によるバランスのとれた感性の訓練につとめたことはやはり見逃せないのではないだろうか。

人材の育成に体系的な様々な学問を施してきたことによって、多くの新時代に対応できる青年を世におくり出したことが、日本の近代化を成功させたことなのではないだろうか。

今、つめこみ教育、といい批判する一方で、大学生の学力のひどい低下、中学校、高校の現場の荒れすさんだ有様はいったいどうしたことなのであろうか。

学問を施す側も受ける側も、誇りと自負を持って、苦しいが故に自ら進んで耐えて学ぶという時代にあった睦斎は幸せな人であったかもしれない。多くの師に出会い、同学の多くの友人に恵まれ、秀でた多くの門人にかこまれた山口睦斎。しかし、睦斎の生きた時代は、平和でのどかな文人の時代であった寛政年間(一七八九～一八〇一)から、幕末のあわただしい時代の変革期であったことは忘れてはならない。今、淡路は京阪神と架け橋によってつながり、四国ともつながった。しかし、淡路が単なる、通交上の素通りの通路とならぬためには、道や交通という道具ではなく、人材の地元に根ざした文化の育成と地元への誇りというものが必要なのではないだろうか。これは淡路という地域にも限らぬことであろう。

最後に、山口睦斎の自筆短冊から和歌五首と、京大阪にでた睦斎が子に残した漢詩をあげておきたい。父としての睦斎が故郷に残した息子に対して自らの半生を思い作ったものである。行間に、睦斎の深い思いのあふれたものである。庚戌は嘉永三年(一八五〇)、睦斎六十六歳の作である。

よし野の春に名だゝる所は雲より見おろすかたなり

127　山口睦斎

たちのぼる溪のしら雲おくふかみ花の千もとぞいづこなるらむ　俊樹　（架蔵）

天保のとし暮によめる

としの内の春ならなくにいち早き世ぞとは梅の花もしりけん　敏樹　（架蔵）

藤波のかげも残らぬ池の水になほさかりなる杜若かな　敏樹　（管蔵）

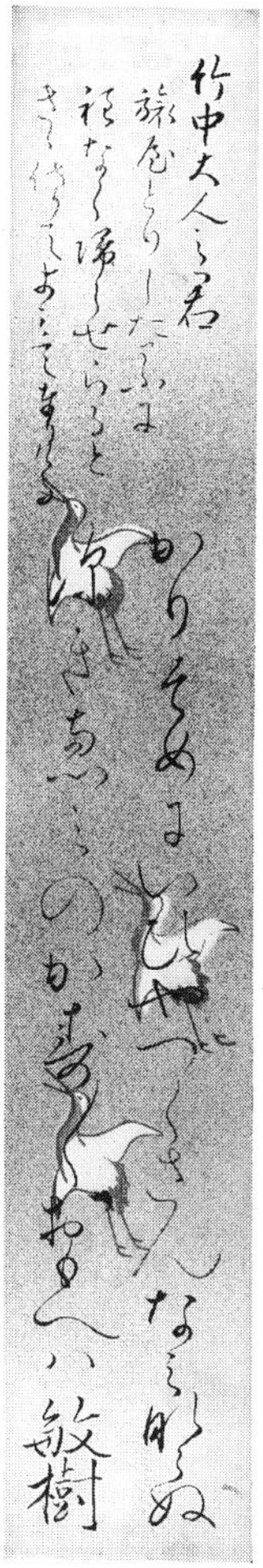

竹中大人之君旅やどりしたるに程なく帰らせらるときゝ侍りてよみて奉りける

かりそめにいひやつくさんなみならぬ深き恵みのかず／＼おもへば　敏樹　（管蔵）

名所立春

たちかへる春やきぬらん松浦なる玉しまかはの水のしらなみ　敏樹　（管蔵）

印少壮歓與楽
老大索然辛
汝母留守家
我出誤斯身
春主春如流
花落再不春
昔就日新学
暮年不覚新
索居雖咫尺
会面動無因
勉哉懐橘孝
長不忘其親
示男義制詩　庚戌春三月　父老南浦 書琴 浦南

少壮《しょうそう》歓《かん》與《よ》楽しみ
老大《ろうだい》索然《さんぜん》辛《つら》し
汝と母は家《いえ》に留守《りゅうしゅ》し
我出《いで》て斯《こ》の身を誤《あやま》つ
春主《しゅんしゅ》春《はる》流《なが》れるが如《ごと》し
花落《はなお》ち再《ふたた》び春《はる》にならず
昔《むかし》日《ひ》に就《つ》き学《まなび》を新《あたら》しうする
暮年《ぼねん》新《あたら》しきを覚《おぼ》えず
居《きょ》を索《もと》むると雖《いえ》ども咫尺《しせき》
面《おもて》を会《かい》するに無因《むいん》に動《どう》ず
勉《つとめ》んや橘孝《きっこう》を懐《おも》ひ
長く其《そ》の親《おや》を忘れず

（山口忠之氏蔵）

〈参考文献〉

○片山滴園編纂『御大礼記念淡路之誇』（昭和七年十二月二十五日刊）
○『洲本市史』（昭和四十九年十月三十一日刊、洲本市）
○木崎好尚著『頼山陽の人と思想』（昭和十八年刊、今日の問題社）
○『三原郡史』（昭和五十四年三月二十日刊、三原郡史編纂委員会刊）
○河本正義校訂『諸国風俗問状淡路国答書』（昭和九年一月二十四日刊、兵庫県民俗研究会刊）
○岡本撫山著『浪華人物誌』（「芸苑叢書本」）
○森繁夫編・中野荘次補訂『名家伝記資料集成』（昭和五十九年二月一日刊、思文閣出版）
○『和学者総覧』（平成二年三月二十日刊、汲古書院）
○大川茂雄・南茂樹編『国学者伝記集成』（明治三十七年、続昭和十年、複刻昭和五十四年十月二十日刊）
○『兵庫県教育史』（複刻昭和五十六年二月十五日刊、兵庫県教育委員会編刊）
○管宗次・郡俊明編著『安政丁巳浪華尚歯会記と山口睦斎』（昭和六十一年三月二十日刊、和泉書院）
○『大阪の除痘館』（一九八三年四月一日刊、㈶洪庵記念会発行）
○石田誠太郎著『大阪人物誌』（昭和十一年十二月三日刊、復刻昭和四十九年八月五日刊、臨川書店）
○島田清著『賀集珉平』（昭和三十六年刊、南淡町教育委員会編刊）

Ⅳ

豊澤団平・加古千賀夫妻

浄瑠璃『壷坂霊験記』

馬場憲二

豊澤団平(二代)
『此君帖』(井野辺潔著『日本の音楽と文楽』)

豊澤団平(二代) とよさわ・だんぺい

本名、加古仁兵衛《かこにへえ》。通称清水町の師匠。文政十一年（一八二八）、播州加古川に生まれる。竹本千賀太夫の養子となり、三代豊澤広助に入門。豊沢力松を名乗る。天保十三年（一八四二）正月豊沢丑之助と改名。弘化元年（一八四四）二代豊澤団平と再改名（初代団平は二代広助が一時名乗った幼名）。若くして秀で若夫・三代長門太夫・五代春太夫・六代染太夫・二代越路太夫を弾いたが、明治十七年（一八八四）八月文楽座を去って彦六座に移り、大隅太夫の相三味線となった。明治時代の義太夫三味線の名人。新作曲、廃曲の復活、弟子の養成に努め、彦六座、稲荷座にあって奮闘した。明治三十一年（一八九八）四月一日稲荷座の初日に竹本大隅太夫の『花野《はなの》上野《うえの》誉《ほまれ》の石碑《いしぶみ》』（志度寺《しどうじ》の段）を弾きながら脳溢血を起し病院へ運ぶ途中死亡。七十二歳。

加古千賀 かこ・ちが

本姓・生年・出生地とも不詳。明治九年（一八七六）二代豊澤団平の後妻となる。家政を整えるとともに、夫をよく助けて、芸道のうえでも内助の功が多かったと言われる。また、文才もあり、明治時代の新作浄瑠璃の傑作『壷坂霊験記』や『良弁杉由来』の作者とされる。明治二十六年（一八九三）十一月二十日死去。

一　はじめに――『壺坂霊験記』は明治の新作浄瑠璃

　現在、文楽人形浄瑠璃で上演されている作品の大部分は古典物である。ひところ、こうした古典演劇、文楽人形浄瑠璃の世界に新風を吹き込んで、その若返りを目指して新作物が次々と作られたことがあった。それらの新作作品はそれぞれそれなりの評価を受け、現在では、それぞれ落ち着くところに落ち着いたようである。若い人達にも人気のある『曽根崎心中《そねざきしんじゅう》』などは古典物と思われているようだが、実は近松門左衛門の『曽根崎心中』を復活させたものであって、ストーリーは大筋においては同じであるが、冒頭の「観音廻《かんのんめぐ》り」は完全にカットされており、文章もかなり大幅に改変されている。近松の「文学作品」としての魅力は極めて乏しいものになっている。「現代の舞台で上演されるもの」ということになれば、これも仕方のないことなのだろう。『曽根崎心中』は新作物とはいわないまでも、新作に近い復活物であり、古典物ではない。最近ではまた古典物が中心になり、新しく作られた作品の上演は少なくなった。

　現在上演されている古典物には、人気のある古典物、例えば、しばしば「通し」で上演される『仮名手本忠臣蔵』や『妹背山婦女庭訓《いもせやまおんなていきん》』など時代物の大曲から、世話物『夏祭浪花鑑《なつまつりなにわかがみ》』など、さらに大曲の一部が「見取《みど》り」で上演されているうちに独立した『卅三間堂棟由来《さんじゅうさんげんどうむなぎのゆらい》』や『廓文章《くるわぶんしょう》』のようなさっぱりとした味わい深い小品曲まで、さまざまな作品がある。『壺坂霊験記《つぼさかれいげんき》』や『良弁杉由来《ろうべんすぎのゆらい》』などもそうした小品曲の代表的な傑作として取り上げることができるだろう。この二作は古典物といっても、実は江戸時代の作品ではなく、明治時代になって作られた「明治の新作浄瑠璃」であった。以下、本稿ではこの二作品について、その成立過程を少しながめて見たいと思う。

まず「お里・沢市」の夫婦愛と壷坂寺の観音菩薩の御利益を描いた『壷坂霊験記』から見ていこう。(「つぼさか」の表記は「壷阪」と「壷坂」の二通りがある。現在は「壷阪」と表記しているようだが、「壷坂」が古い表記だという。浄瑠璃稽古本の表紙には「壷阪霊験記」とあるが、内題は「壷坂寺」となっている。)

二　原作――『西国三拾三所観音霊場記』

西国三十三所の観音霊験談を収集、編集した新作浄瑠璃、『西国三拾三所観音霊場記』(大序《だいじよ》より大切《おおぎり》まで)が上演されたのは明治十二年(一八七九)十月、大常が太夫本となっていた大江橋席においてであった。その時の番付(『義太夫年表　明治篇』所収)によってその内容を見てみよう。(以下、番付などの資料から引用した原文には、読者の便宜を考慮して、適宜歴史的仮名遣いで振り仮名を付した。)

まず、「口上」には次のようにある。

乍憚《はばかりながら》口上《こうじやう》

一《ひとつ》秋冷《しゆうれい》相増《あいまし》候《さうらふ》　所《ところ》　先以《まづもつて》御区中《おんくちゆう》御旦那様方益々御勇健に被　遊《あそばされ》御座《ござ》大悦至極《たいえつしごく》に　奉　賀　上《がしあげたてまつりて》　候《さうらふ》

随　而《したがひまして》　当《たう》盆替り狂言何哉《なにがな》御目新らしきを仕組御覧に入度《いれたく》種々勉強致し候　折柄去る御ひいき様よ

り観音霊場記を新工風《くふう》致し差出し候《さうらふ》様《やう》御進めに従ひ　不取敢《とりあへず》新作は仕候得共《つかまつりさうらへども》　古へ有名人之作を違うふし地合《ぢあい》に至る迄古めかしくは候得共《さふらへども》　只々《ただただ》御ひいきの余慶を以仰《もつておほ》せ合《あはせ》　相かわらず永当《えいたう》〳〵御光来之程偏《ひとへ》に奉希上候《ねがひあげたてまつりさうらふ》　已上《いじやう》

月　日　　太夫人形　惣一座

本曲の上演された事情について、「当盆替り狂言何哉御目新らしきを仕組御覧に入度種々勉強致し候折柄去る御ひいき様より観音霊場記を新工風致し差出し候様御進めに従ひ　不取敢新作は仕候…」と述べている。そして、「古へ有名人之作を違うふし地合に至る迄古めかしくは候…」と、本曲には、旧作、典拠になる古典があったことをほのめかしているが、それについては今は触れないでおく。

上演された場面（段）および出演太夫などは番付上段の太夫欄に掲載されている。『西国三拾三所観音霊場記』の上演段と出演太夫は次のように記されている。番付面の字体や文字の大きさは重要な意味を持つのだが、印刷の都合上、同じ大きさの現在通行の字体（常用漢字など）を用いることにする。（ただし、出演者の名前は原形に近い字体とし、三味線では「澤」と「沢」を区別し、いわゆる「中ザワ」は「（[illegible]）」とした。）

大序《だいじよ》　竹本濱　太夫――三井寺　兄橋寺霊けんの内　竹本組栄太夫

善峯　霊験金之介住家のだん　豊竹呂鳳太夫――今熊の　霊験のだん　竹本照　太夫

岩間寺のだん　豊竹新勒太夫
観音寺　霊験の段　豊竹嶋　太夫
醍醐寺のだん　竹本縫　太夫
惣持寺　霊験若浦舟中のだん　竹本成　太夫
勝尾寺のだん　豊竹呂鳳太夫
松尾寺　霊験のだん　竹本若松太夫
新清水のだん　豊竹假名太夫
書写寺　霊験和泉式部庵室の段　豊竹千駒太夫
竹生島のだん　豊竹富　太夫
法花寺　法道仙人岩やのだん　竹本縫　太夫
粉川寺　足代左太夫住家の段　豊竹橘　太夫
南円堂　木綿屋治兵へ住家の段
切　豊竹頼　太夫
岡寺　くらがり峠のだん　竹本照　太夫
六波羅　空也上人さとりの段　豊竹頼　太夫
此所人形惣出つかひにて御覧に入申候

紀三井寺　七越山中のだん　竹本組栄太夫
谷汲寺のだん　竹本成　太夫
三宝堂　刑部住家の段　豊竹呂鳳太夫
此所吉田辰五郎三役出つかひ早替りにて御覧に入申候
槙尾寺　法界和尚開山のだん　豊竹富　太夫
此所吉田辰五郎出つかひ早替りにて御覧に入申候
葛井寺　左源太夢のだん
上人　竹本綾瀬太夫
左源太　豊竹呂　太夫
大王　豊竹假名太夫
童子　豊竹新勒太夫
此所吉田辰五郎出つかひ早替りにて御覧に入申候
清水寺　景清獄屋のだん　切　豊竹新勒太夫

此所吉田辰五郎出つかひ早替りにて御覧に入
申候
壷坂寺　沢の市住家のだん　切　豊竹嶋　太夫
此所吉田辰五郎出つかひ早替りにて御覧に入
申候
石山寺　わしのだん　豊竹千駒太夫
此所吉田辰五郎吉田辰太郎出つかひ早替りに
て御覧に入申候
長命寺　榎木作右衛門住家のだん
豊竹橘　太夫
六角堂　左り甚五郎住家の段口　竹本照　太夫
中　竹本縫　太夫
切　竹本濱　太夫
長谷寺　長政館より三輪山の段迄
中　豊竹頼　太夫
切　竹本綾瀬太夫

跡　竹本成　太夫
草堂　鏡の由来のだん　豊竹千駒太夫
中山寺　多田の館より兵庫やしきのだん迄
中　竹本若松太夫
切　豊竹呂　太夫
同　かねの緒のだん　口　竹本龍　太夫
切　豊竹假名太夫
此所吉田辰五郎出つかひ早替りにて御覧に入
申候
那知　井山のだん
かけ合　竹本若松太夫
豊竹橘　太夫
豊竹富　太夫
竹本縫　太夫
此所人形惣出つかひ早替りにて御覧に入申候
（「草堂」は「革堂」（以下同じ））

西国三十三所のうち三十一箇所の札所を取り上げ、各札所の霊験談を脚色、編集した「オムニバス」形式の作品となっている。吉田辰五郎の「出つかひ早替り」の演技が見せ場だったようで、辰五郎は「悪七兵へ景清」「多ら尾刑部」「むすめ花その」「へびのちご」「願人坊」「藤井左源太」「女房小くら」「沢の市」「六番観音」「後室お兼」「空也上人」「左り甚五郎」の合計十二役を勤めた。

番付上段、三味線欄の後に「糸調・作者・狂言筋書・頭取」の名前が記されているが、「糸調　里暁《りぎよう》」「作者　玉龍舎定一」とある。「里暁」は豊澤団平だという。すなわち、作曲者は豊澤団平だった。しかし、その当時、団平は松島文楽座の三味線の筆頭者であり、この大江橋席には出演していない。作者の「玉龍舎定一」については詳細不明である。（本稿は、豊澤団平について論及することになるので、「豊沢団平」とはせずに「豊澤団平」と表記することにする。）

三　改編――『観音霊験記　三拾三所花野山』

『西国三拾三所観音霊場記』は、それから八年後、明治二十年（一八八七）二月、稲荷彦六座で『観音霊験記三拾三所花野山』（三十段返し）と題して再び上演された。題名が「観音霊場記」から「観音霊験記」に改められた。番付の「口上」には次のように述べられている。

乍憚告条《はばかりながらこうでう》

一、大方《おほかた》の御愛顧《ごあいこ》諸君益々御清福奉賀候《がしたてまつりさうらふ》随而《したがひまして》弊座一月興行の義非常の御心に適《かな》ひ大入

仕候《つかまつりさうらふ》　段《だん》御礼《おんれい》奉申上候《まうしあげたてまつりさうらふ》　此度は音曲《おんぎよく》改良の趣意に基き某学識先生の著作に罹《かか》り豊澤団平が新案の節付《ふしづけ》を以て御尊覧に入候《いれさうらふ》　三十三所花野山観音霊験記は幕数多く候に付《つき》時間の刻限により迚《とて》も仕切不申《しきりまうさず》　依て初編後編の二回に分ち此度は初編　三月興行に後編となし前後二回の興行にて完全の局を結び候　脚色に付　従前とはお目新らしき場も多く候間《さうらふあひだ》　当日開場の初より永当《えいたう》永当御光来《ごこうらい》奉願上候《ねがひあげたてまつりさうらふ》　已上

月　日　　　　　　　　彦六座々主　謹白

初演の『三十三所花野山観音霊験記（西国三拾三所観音霊場記）』は「幕数多く……時間の刻限により迚も仕切不申　依て初編後編の二回に分ち……前後二回の興行にて完全の局を結び候」ということで、「三十段返し」すなわち「三十段」に構成し、時間を節約するために「返し幕」で上演された。二月にはその内、次の二十四段を上演し、残りは三月に続けて上演するというのである。曲節も「音曲改良の趣意に基き某学識先生の著作に罹り豊澤団平が新案の節付を以て御尊覧に入候」とあるが、「音曲改良の趣意」というのは例の演劇の近代化、「演劇改良政策」を指しているのであろう。「某学識先生」は不明である。「豊澤団平が新案の節付」でもって舞台に掛けたというのである。豊澤団平は明治十七年（一八八四）七月まで松島文楽座に出勤していたが、同年九月その文楽座が松島から御霊神社境内へ移転したのに伴い、彦六座に移り、彦六座の紋下、三味線の筆頭になっていた。『三十三所花野山観音霊験記（西国三拾三所観音霊場記）』は豊澤団平らの手によって整備、改編、一新された。その「初編」の内容は次のようなものであった。

花山法皇の愛着は仏の道引　竹本朝　太夫
花山法皇熊野参詣の段　竹本源　太夫
　竹本越　太夫
陪夫が妻の悪念家来にはかる　竹本住次太夫
陪夫やしきの段　竹本藍玉太夫
　竹本芳　太夫
両犬の助命に一字を立てる
引尾山のだん　竹本氏　太夫
我子の栄へ亀と盃
飾磨浜辺の段　竹本七五三太夫
家来の悪念幼子を海底に沈む
御座舟のだん　竹本源　太夫

千広の海に命助る亀の龍徳
由良浜辺の段　竹本越　太夫
此所人形出つかひ早替りにて御らんに入申候
娘二人の間違いは忍びの恋中　豊竹鹿　太夫
垂井長者店の段　豊竹若　太夫
下女が膳事は観世音の前だれ
同納家のだん　豊竹新靭太夫
此所人形出つかひ早替りにて御覧に入申候　竹本組　太夫
三笠山のすゝきにとん絵のみちゆき
三笠山道行の段　竹本生嶋太夫
　竹本七五三太夫

此所人形出つかひ早替りにて御らんに入申候　竹本組子太夫
昔しに帰るひん女の再縁
南円堂のだん　竹本袖　太夫
茶つみの畑に鷲に幼子をとらる
志賀の里のだん　竹本朝　太夫
我子のほだしけふ女の物狂い
桜の宮物狂ひのだん　豊竹若　太夫
　竹本芳　太夫
　竹本生嶋太夫
　竹本源枝太夫
　竹本住次太夫
此所人形惣出つかひにて御らんに入申候
此所門前のうかがひに卅年後
番僧の知恵袋
東大寺のだん　竹本七五三太夫

杉の木の元親子の名のり
良弁杉のだん　豊竹柳適太夫
此所惣出つかひにて御覧に入申候
女房の密夫は小金にかはる　豊竹若靭太夫
槙の寺のだん　竹本朝　太夫
和泉国大津浜辺の段　竹本袖　太夫
多田の御殿にけふくんの宝剣
多田満中寺御てんの段　竹本越　太夫
美女御前の身かわりに幸寿丸が忠死のいさをし
仲光やしきの段　竹本生嶋太夫
　竹本住　太夫
此所出つかひにて御覧に入申候
此所七ヶ年後　年廻の仏事に弟子僧は我子
大広間仏事段　竹本源　太夫
利やくの噂に参詣人の一ふく
土佐町茶店のだん　竹本芳　太夫

女房が貞心に谷間の開眼
沢市内のだん　竹本大隅太夫
三味線　豊澤　団　平
此所人形惣出つかひにて御覧に入申候
藤井寺のだん　豊竹新靭太夫
此所人形惣出つかひにて御覧に入申候
安元がけふ机の猪のししは地ごくのこん生

追分鳥居前の段　豊竹若靭太夫
つり鏡の施主高机の三来男　竹本袖　太夫
初瀬寺のだん　竹本芳　太夫
豊竹若靭太夫
此所人形惣出つかひにて御覧に入申候

この時も人形の「出遣《でづか》い」がさかんに行なわれ、「早替り」も交えて華々しい演技が展開されたようだ。「紋下」の人形は吉田才治であったが、吉田辰五郎はそれに続いて「筆頭」に位置していた。「沢市内」（正しくは「のだん（段）」と書くべきだが、繁雑になるので本文中では省略する）は竹本大隅太夫が勤め、豊澤団平はその相三味線として出演している。

続いて三月に「後編」は上演されるはずだったが、予定通りには行かず、「後編」が上演されたのは九月だった。その間の事情について、彦六座の座主は次のように弁解している。

•当座義三十三所花野山観音霊験記を御覧に入候所　殊之外御意に相叶候て永々興行仕り　後編第二回引続き御覧に入候筈之所　豊澤団平病気に付節付等も出来がたく候ゆへ　少々延期に相成候…

（三月興行番付・乍憚口上）

●当替り狂言には先々興行の三十三所観音霊験記第二回を御覧に入候筈に有之候所　未だ節付等も出来兼候…（五月興行番付・乍憚口上）

●先達てより延引に相成居候三十三所霊験記此度は是非共御覧に入候筈の所…（御贔屓の希望で別作品を上演）…霊験記之義は後の興行には相違なく御覧に入申候に付此度訳而御断申上候…（六月興行番付・乍憚口上）

豊澤団平発病のため作曲が遅れ、また御贔屓の希望狂言の上演などが入り、「後編」はやっと九月になって上演された。

明治二十年（一八八七）九月、彦六座で上演された『観音霊験記　三拾三所花野山』（第二回　三十三段返し）の番付の「口上」には次のようにある。

乍憚口上

残暑の砌《みぎり》に御座候処先以《まずもって》御区中御諸彦様方《ごしょげんさまがた》倍々御安泰に被遊御座奉大賀候　随而当座義打続き大入大繁栄仕り候段　全く御贔屓様方の御引立《おひきたて》　当座主始め一座の銘々謹而奉御礼候《つつしんでおんれいたてまつりさうらふ》　扨《さて》今回当春以来永々延期仕有之《えんきつかまつりこれある》三十三所花野山観音霊験記続き第二回　此度節附等且道具万端出来候間《このたびふしづけとうかつだうぐばんたんできさうらふあひだ》当盆替り狂言として興行仕候　右永らく延引相成候　御断旁々惣座中《おことわりかたがたそうざちゅう》勉強丹誠をこらし御尊聞に相備《あひそなへ》候に　附ては酷暑も未だ難去候《さりがたくさうらふ》ゆへ　場中澄々に至る迄涼風を流通為致候間　御観客御講

中様不相変御誘合され賑々敷《にぎにぎしく》来車《らいしゃ》の程偏《ひとへ》に奉希上候　已上

彦六座々主　百拝

「後編（第二回）」は「今回当春以来永々延期仕有之三十三所花野山観音霊験記続き第二回　此度節附等且道具万端出来候間　当盆替り狂言として興行仕候」と、やっと約束が果たせ、「惣座中勉強丹誠をこらし」熱演したというのである。また、「酷暑も未だ難去候ゆへ　場中澄々に至る迄涼風を流通為致候」とある。勿論現代のような冷房装置が設置されたわけではなかったが、観客へ「涼風」の大サービスをした。「後編」の内容は次のようである。

初瀬寺のだん
竹本住次太夫
豊竹鹿　太夫

有原寺の段
豊竹此　太夫
竹本組子太夫
竹本越　太夫

望月館のだん
竹本山登太夫
竹本氏　太夫
豊竹若　太夫

あびこ観音霊現
竹本芳　太夫

堺福徳やの段
竹本朝　太夫

観音堂のだん
竹本七五三太夫

中山寺霊現

池田炭やの段
竹本山登太夫
豊竹新靭太夫

中山寺鐘芋の段
竹本田喜太夫

草堂霊現
紙やのだん　　竹本生嶋太夫
此所惣出つかひにて御覧に入申候　　竹本組　太夫
同草堂のだん　　竹本源　太夫
此所出つ（ぬ）かひ早替りにて御覧に入候
清水寺霊現
江州左衛門丞館の段　　竹本七五三太夫
　　竹本越　太夫
奥庭小夜姫せめの段　　豊竹柳適太夫
此所惣出つかひにて御覧に入申候
音羽牛尾山の段　　竹本源　太夫
六波羅野お才内のだん　　竹本芳　太夫
　　竹本朝　太夫
　　竹本住　太夫
此所惣出つかひにて御覧に入申候
六波羅のだん　　豊竹此　太夫

此所出遣ひ早替りにて御覧に入申候
浅草観音霊現
吉原土手八丁　　竹本生嶋太夫
吉原品川楼のだん　　豊竹新靭太夫
　　竹本大隅太夫
三味線　豊澤　団　平
此所惣出つかひ西洋立大道具にて御覧に入候
浅草観音御利益の段　　豊竹若　太夫
若州松尾寺霊現
島の浦舟のだん　　竹本袖　太夫
か　　竹本田喜太夫
け　　竹本七五三太夫
合　　竹本源枝太夫
　　竹本住次太夫
此所惣出遣ひ早替り大道具大仕かけにて御覧に入候

「後編」は合計十八段。「初瀬寺」は「初編」「後編」ともに上演されているので重複（出演太夫は異なる）、その結果、二回合わせて全四十三段に編成して上演された。かくして『西国三拾三所観音霊場記』から『観音霊験記　三拾三所花野山』へ改定、整備され、「霊場記」は「霊験記」と改められて完成した。果たして、『観音霊験記　三拾三所花野山』は大変好評であったようである。続いて、明治二十年（一八八七）十月、稲荷彦六座は『加賀見山旧錦絵《かがみやまこきようのにしきえ》』『摂州合邦辻《せつしゆうがつぽうがつじ》』『東海道四ツ谷怪談』を上演したのだが、その「口上」に彦六座座主は次のように言っている。

憚ながら口上

一、秋冷の砌《みぎり》に御座《ござ》候《さうらふ》所《ところ》先以《まづもつて》御区中《おんくちゆう》御諸賢君様方《ごしよげんきみさまがた》倍々御安静に被遊御座《ござあそばされ》大賀《たいが》至極《しごく》に奉存《ぞんじたてまつり》候《さうらふ》随而《したがひまして》当座前《たうざまへ》興行《こうぎやう》観音霊験記殊《こと》の外《ほか》初日より大入大繁昌仕候段《つかまつりさうらふだん》　全く御信仰御講中の御引立且又当座御ひいきの御余光　当座主始め一統の者共難有《ありがたく》奉御礼申上候　右に付当替り狂言加賀見山旧錦画　附合邦が辻　四谷怪談を一層勉強仕り御聞《おきき》に達し候間《さうらうあひだ》　不相変《あひかはらず》御引立を以賑々敷《にぎにぎしく》御光来之程偏に奉希上候《ねがひあげたてまつりさうらふ》也

但し御礼冥加のため御講中に限り先値段《さきのねだん》にて御覧に入申候

月　日　　彦六座々主　百拝

彦六座座主の「当座前興行観音霊験記殊の外初日より大入大繁昌仕候段　全く御信仰御講中の御引立且又当座御ひいきの御余光　当座主始め一統の者共難有奉御礼申上候」という言葉には、観客への挨拶以

上の気持ちが込められているように思える。

かくして、大作『観音霊験記　三拾三所花野山』は彦六座の一つの財産になった。

四　文楽座と彦六座

明治時代の演劇史をここで述べる余裕はないが、『壷坂霊験記』の原作が含まれている『三十三所花野山　観音霊験記』が上演されたころの人形浄瑠璃座の様子を少し見ておきたい。

明治以前の芝居は、櫓名代《やぐらなだい》の免許を所持する者にのみ興行を認めるという制度であり、大阪では、道頓堀に、大芝居として中の芝居と角の芝居、中芝居として角丸の芝居、大西の芝居（筑後《ちくごの》芝居）、小芝居として若太夫の芝居、竹田の芝居などが櫓名代としてあった。幕末のころ、人形浄瑠璃の正式の興行権を持っていたのは道頓堀の「竹田の芝居」か「若太夫の芝居」であった。しかし、一般大衆が親しんでいたのは寺社の境内などで小屋がけしていたいわゆる「宮地《みやち》芝居」や「小芝居」であった。幕府は櫓芝居の保護政策を取り、閉鎖命令などを何度も出したが、宮地芝居は低料金で気軽な庶民の娯楽機関として幕府の干渉を受けながらも明治まで続いてきた。

明治五年（一八七二）九月、東京府は「府下劇場三芝居其外是迄無税《これまでむぜいにて》興行致し来り候処今般免許鑑札可相渡候条《あひわたすべくさうらふでう》是迄興行致来り候者は更に願出可申事《ねがひでまうすべきこと》」という劇場改革令を出し、演劇改良政策がスタート、いわゆる「明治の演劇改善運動」が始まり、演劇の近代化が進められた。

同じころ大阪でも「芝居其他興行ニ関スル件」という法令が発布され、劇場の開設や鑑札制度が実施された。

江戸時代の近松門左衛門・竹田出雲《いずも》・近松半二《はんじ》らの作品を上演してきた竹本座《たけもとざ》や紀海音《きのかいおん》・並木宗輔《なみきそうすけ》・菅専助《せんすけ》らの作品を上演してきた豊竹座《とよたけざ》は明和年間（一七六四—一七七二）に相次いで道頓堀から姿を消していた。拠り所を失った浄瑠璃太夫や三味線弾き、人形遣いたちは離合集散、かろうじて宮地芝居や小芝居、席亭などに細々と出演していた。文化年間（一八〇四—一八一八）、植村（正井）文楽軒《ぶんらくけん》が常打《じょうう》ちの小屋を開設、初代、二代が基礎固めをして、「文楽」がスタートする。文楽の芝居は博労町《ばくろうまち》の稲荷神社境内東門にあった。当時は四代目文楽翁（大蔵）の時代であった。

大阪の劇場改革政策は松島新地開発と結び付けて実施され、宮地芝居以下の芝居は松島へ移転して興行するか、廃業するか、いずれかの道を選ぶことになった。文楽翁は松島へ移転することに決心した。明治五年（一八七二）正月、番付の紋の上に「御免　文楽座」と記し、初めて番付の上に「文楽座」を名乗った。座名の上に「御免」という二字を添えているが、大阪府の認可を得た劇場「文楽座」開場の喜びと誇りが読み取れる。「御免」は「天下御免」の「御免」で、「櫓名代」の資格を得た思いであったろう。番付の紋下には「太夫　竹本春太夫」「人形　吉田玉造」と、従来紋下は太夫一人だけだったのを人形を加えて、紋下を二人にした。柿落《こけらお》としの演目は「御祝儀三番叟」を間に挟んで『絵本太功記《たいこうき》』（続本十二冊）の通し上演だった。三味線の筆頭は豊澤団平。当時の座主文楽翁は新作改作にも意欲を

博労稲荷（現、難波神社境内）

博労稲荷文楽座跡の碑

博労稲荷と人形浄瑠璃についての説明

示し、次々と発表したが、優れたものはあまり見られない。この文楽座が明治十七年（一八八四）に御霊神社境内に移転して興行を続けるが、明治四十二年（一九〇九）には松竹に買収され、昭和五年（一九三〇）四つ橋の「文楽座」となり、昭和三十一年（一九五六）道頓堀の「文楽座」となり、昭和三十八年（一九六三）松竹の手を離れ、「財団法人　文楽協会」となり今日に至っている。

話は明治に戻るが、明治七年（一八七四）、文楽座の紋下《もんした》太夫竹本春太夫と三味線豊澤団平は門弟の給金問題がこじれ、弟子を連れて退座するという事件が起こった。文楽座は「地方巡業扱い」として、番付は「幽霊扱い」とした。明治十年（一八七七）の春、春太夫・団平は文楽座へ戻るが、春太夫はまもなく亡くなった。それ以後、豊澤団平をめぐっていくつかトラブルが起こった。明治十六年（一八八三）、大阪商法会議所から太夫・三味線・人形の三業の各代表者の設置の要望があり、文楽座は同年四月　京都四条北側の芝居での京都興行で、竹本長登太夫、豊澤団平・吉田玉造を紋下に据えた。すると吉田玉造が三味線には紋下はないと反対し、大阪の松島文楽座での番付では団平の名前は削られた。京都で紋下入りした団平はこれには不服で、出演を拒否した。竹本氏太夫の調停で番付を彫り直すことで一件は落着したが、団平にとっては極めて不愉快な事件であった。

一方、非文楽系の人たちは、分散して寄席などに出演していたが、明治十六年（一八八三）、日本橋の沢の席に集まり、彦六座を結成した。翌明治十七年（一八八四）、かつて文楽の小屋のあった博労町の稲荷神社の北門に常打ち芝居小屋を建てて興行を開始した。場所は市の中央部に位置し、交通の便もよく、小屋の施設もよく、観客はどっと押し寄せた。

松島の文楽座は劇場名を「松島劇場」と改め、観客の誘引にいろいろ努力したが、何分にも地理的な悪さは何とも仕様がなかった。そこで明治十七年（一八八四）、御霊《ごりょう》神社の土田席を買収して市の中央部に進出することになった。これが「御霊文楽座」で、大正十五年（一九二六）焼失するまで文楽の本拠地として続く。かくして彦六座と文楽座の人形浄瑠璃二座の対抗戦は始まった。

この時、文楽座で不愉快な思いをし続けていた豊澤団平は引き抜かれて、彦六座に移ることになった。以後、豊澤団平は文楽座に戻ることはなかった。

小芝居や寄席に出て細々と生きて来た非文楽系の芸人たちは、三味線の重鎮、豊澤団平を迎え、常打ちの芝居小屋、彦六座の舞台を意気揚々と勤め、活気に満ちていた。

西国三十三所観音の霊験談を収集、編集した『西国三拾三所観音霊場記』（大序より大切まで）が大江橋席において上演されたのは、明治十二年（一八七九）十月であった。当時文楽座は松島にあったから、大江橋席が非文楽系であることは言うまでもない。この曲は明治二十年（一八八七）二月、九月の二回にわたって増補修訂されて上演されたのが『観音霊験記三拾三所花野山』であり、稲荷彦六座であった。再演、三演も次に掲げる上演年表にも明らかなように、彦六座系の芝居だった。文楽座が上演したのは明治三十六年（一九〇三）五月、見取りの『壷阪霊験記』（土佐町松原、沢市住家、壷坂寺）であった。見取りでの上演は明治三十二年（一八九九）年四月、堀江明楽座の『三拾三所観音霊場記』（土佐町　沢市内より御山御霊地まで）が最初であり、続いて明治三十五年（一九〇二）十一月にも『西国三拾三所壷坂寺』（土佐町沢市内より御山御霊地迄　御礼参り）を上演している。堀江明楽座は彦六座が稲荷座を経て引き継がれた非文楽系の芝居であった。文楽座の上演はその後である。

五の一　『観音霊験記　三拾三所花野山』上演史（明治時代）

三十三所観音霊験記を脚色した作品を『義太夫年表』から拾い出して、上演年表を作成してみよう。まず「明治篇」から。

上演年表（1）

明治一二年一〇月　大江橋席　『西国三拾三所観音霊場記』　大序より大切まで
明治二〇年　二月　稲荷彦六座　『観音霊験記三拾三所花野山』　三十段返し
明治二〇年　九月　稲荷彦六座　『観音霊験記　三拾三所花野山』第二回　三十三段返し
明治二三年　五月　稲荷彦六座　『観音霊験記西国三拾三所花野山』札所十八ヶ所
明治二六年　四月　稲荷彦六座　『観音霊験記三拾三所花野山』　札所十九ヶ所
明治二八年　四月　稲荷稲荷座　『観音霊験記三拾三所花野山』　札所十八ヶ所
明治三二年　四月　堀江明楽座　『三拾三所観音霊験記』　土佐町　沢市内より御山御霊地まで

明治三四年　六月　堀江明楽座　『観音霊験記　三拾三所花野山』　大序より大切まで
明治三五年一一月　堀江明楽座　『西国三拾三所壷坂寺』　土佐町沢市内より御山御霊地迄　御礼参り
明治三六年　五月　御霊文楽座　『壷阪霊験記』　土佐町松原　沢市住家　壷坂寺
明治三九年　四月　市の側堀江座　『観音霊験記　三拾三所花野山』　札所十九ヶ所
明治四〇年　五月　市の側堀江座　『三十三所　観音霊験記』　沢市内より御山まで
明治四二年　四月　市の側堀江座　『観音霊験記　三拾三所花野山』　札所巡拝
明治四二年　九月　御霊文楽座　『壷坂霊験記』　土佐町松原　沢市内
明治四三年一一月　市の側堀江座　『西国廿八番札所成相寺　観音霊験記』　傘松茶店　悪婆お源内より文珠堂前成相
観音御利益
明治四四年　四月　市の側堀江座　『観音霊験記　三拾三所花野山』　沢市内より御山まで

明治時代には合計十六回上演されているが、明治三十二年（一八九九）四月、堀江明楽座での上演は「壷坂寺」一段だけが独立した形で上演されている。堀江明楽座ではそれから三年後明治三十五年（一九〇二）十一月にも「壷坂寺」が一段だけで演じられ、「壷坂寺」の段は確実に一段物として独立の方向へ進み始めたと言えよう。

翌明治三十六年（一九〇三）五月には、対抗芝居の文楽座が、非文楽系の芝居で生まれ、育てられてきた「壷坂寺」を、『壷坂霊験記』と題して上演した。明治四十二年（一九〇九）九月にも『壷坂霊験記』と題して上演されている。文楽座は完全に独立した狂言として『壷坂霊験記』を上演したと言えよう。

次に、当時の歌舞伎の様子を少し見ておこう。『近代歌舞伎年表　大阪篇』から観音霊験談に関係ありそうなものを拾い出してみると、大阪では

明治一四年一一月　弁天座　切狂言『三拾三所霊験記』　藤井寺　つぼう坂　中山寺
明治二四年　二月　朝日座　『奉納　壷阪寺』
明治二四年一二月　堀江座　中『観音利生記』
明治二五年　三月　天満大工町芝居　前『浅草霊験記』
明治二七年　一月　明楽座　切『壷坂霊験記』　中村梅雀一座
明治二八年　三月　福井座　切狂言『二十四番札所霊験』
明治三一年　二月　明楽座　中『壷坂』
明治三一年　四月　明楽座　中狂言『壷坂霊験記』（？）
明治三一年　十月　中劇場　中狂言『良弁杉』　上の巻志賀の里物乱の場　下の巻二月堂の場

明治三二年　二月　天満座　中狂言『法師沢市　壷坂観音霊験記』沢市住家の場　観音堂の場　同谷底の場

明治三四年一〇月　天満座　前狂言『西国三十三所　観音霊験記』第一番那智山より第三十三番谷汲寺由来迄

明治二十年（一八八七）二月・九月に浄瑠璃『西国三拾三所観音霊場記』が『観音霊験記　三拾三所花野山』に改編・整備される前の、明治十四年（一八八一）十一月に、弁天座の切狂言として『三拾三所霊験記』が上演されている。演じられたのは「藤井寺・つぼう坂・中山寺」の三札所であった。その内容は正確には把握できないが、浄瑠璃の初作『西国三拾三所観音霊場記』に近いもの、もしくは同一のものであったと考えてよいだろう。浄瑠璃の「藤井寺・壷坂・中山寺」の三箇所、三段が好評、人気が高かったことを示していると考えてよいだろう。『観音霊験記　三拾三所花野山』に改編されてからもこの三箇所はよく上演されている。

明治二十四年（一八九一）二月、朝日座の『奉納　壷坂寺』はよくわからないが、「小番付」であり、出演者も「願主」となっている。神事、御祝儀狂言だったかも知れない。

明治二十七年（一八九四）一月、明楽座《めいらくざ》の切《きり》『壷坂霊験記』も浄瑠璃と同様のものだったと考えてよかろう。明楽座では明治三十一年（一八九八）二月にも『壷坂』を上演している。

明治二十八年（一八九五）三月、福井座の切狂言『二十四番札所霊験』は二十四番札所、「中山寺」にまつわる霊験談で、浄瑠璃と同様だったと考えてよいのではないか。浄瑠璃では「中山寺」も上演回数が多い。

歌舞伎の方でも「藤井寺」「壷坂」「中山寺」などは好評で、「オムニバス」の一段から独立した一段物に移っていく傾向が強く、歌舞伎の方がその先鞭をつけたと言ってよいのだろう。

明治三十四年（一九〇一）十月、天満座の『西国三十三所　観音霊験記』（第一番那智山より第三十三番谷汲寺由来迄）は十幕二十二場の狂言で、次のような構成になっている。

序幕・二幕目・三幕目・四幕目
紀伊国那智山滝壷の場
同　粉川寺門前の場
同　紀三伊寺和歌の浦の場
和泉国槙尾寺裏手の場
河内国古寺藤井元安悪行の場
播磨灘沖合の場
同順礼娘友子危難の場

五幕目・六幕目・七幕目
大和国長谷寺門前の場
同　在原寺街道の場
洛東今熊野の場
多田館門前施行の場
長谷部弥次邸の場
多田家別荘の場
山中行光危難観音奇瑞の場

　中山寺鉦の緒奇瑞の場
八幕目・九幕目・十幕目
　大和国壷坂土佐町沢市内の場
　同　谷底観音出現の場

　佐々良三八住家の場
　美濃谷汲寺麓の場
　地獄閻魔麓王宮の場
　藤井元安改心の場浄瑠璃

『観音霊験記　三拾三所花野山』を歌舞伎風にアレンジした作品で、藤井元安が悪心を起こし、お家騒動となるが、やがて改心して、めでたしめでたしというようなお芝居だったようである。

五の二　『観音霊験記　三拾三所花野山』のその後

稲荷彦六座の財産の一つになった『観音霊験記　三拾三所花野山』はその後再演・三演、繰り返し上演された。

再演は、明治二十三年五月、稲荷彦六座で『観音霊験記』西国三拾三所花野山』（札所十八ヶ所）であった。題名に「西国」が加わった。「西国」であることを強調したのであろう。「口上」はない。上演されたのは次のような場面であった。

第一番札所　那智山
花山院熊野参詣のだん
竹本大栄太夫
竹本朝代太夫
竹本朝路太夫
豊竹八重加太夫

第廿七番　書写寺
和泉式部庵室のだん
竹本朝の太夫

第卅三番札所　谷汲寺
身替り観音由来のだん
豊竹鹿　太夫

第廿二番札所　惣持寺
飾磨浜辺のだん
竹本山登太夫

同　御座船のだん
竹本生嶋太夫

同　由良浦亀の由来のだん
竹本田喜太夫

第廿四番札所　中山寺
池田炭やより安産鏡緒由来のだん
竹本菅　太夫

第廿六番札所　清水寺
竹本七五三太夫
豊竹此　太夫

悪七兵へ景清牢家内彫観音大仏供養迄
竹本組登太夫
竹本源　太夫

此所出つかひにて御覧に入申候

第十九番札所　革堂
紙やのだん
竹本山登太夫
豊竹新鞆太夫

同　幽霊筐鏡由来のだん
竹本袖　太夫

番外　二月堂
志賀の里茶園のだん
竹本七五三太夫

同　桜之宮物狂ひのだん
竹本田喜太夫
竹本芳　太夫
竹本伊達太夫

竹本朝路太夫
竹本朝代太夫
此所惣出つかひにて御覧に入申候
濱之介改め　豊澤濱右衛門
鶴澤　寛三郎
ツ　レ
同　東大寺のだん　豊竹此　太夫
同　良弁杉由来の段　竹本組　太夫
此所出つかひにて御覧に入申候
第五番札所　葛井寺
藤井安元改心得道の段　竹本生嶋太夫
此所出つかひにて御覧に入申候
第六番　壷坂寺
土佐町茶店の段　竹本菅　太夫
同　座頭沢市眼病平愈の段　竹本大隅太夫

三味線　豊澤　団　平
此所惣出つかひにて御覧に入申候
番外　浅草寺
吉原土手八丁のだん　竹本芳　太夫
同　品川楼のだん　竹本伊達太夫
竹本朝　太夫
此所惣出つかひにて御覧に入申候
同　観音霊現のだん　竹本朝香太夫
第八番札所　初瀬寺
未来男釣鐘供養のだん　竹本越　太夫
竹本袖　太夫
竹本菅　太夫
竹本朝香太夫
所作事　此所惣出つかひにて御覧に入申候

番付の上演曲名の下には「札所十八ヶ所」と記されているのだが、太夫欄の場割りでは「番外」を含めて十二箇所である。どのように勘定したのであろうか。あるいは三味線の演奏だけで、「段返し」のような「仕掛け」で札所を見せたのかも知れない。「番外」が加わったということは注目したい。

三演は、明治二十六年（一八九三）四月、同じく稲荷彦六座で『観音霊験記　三拾三所花野山』（札所十九ヶ所）が上演された。「口上」と上演された場面は次のようである。

口上

春暖の砌に御座《ござ》候《さうらふ》処《ところ》御区中《おんくちゆう》御旦那様《ごだんなさま》益《ますます》御安泰《ごあんたい》珍重《ちんちよう》奉賀《がしたてまつり》候《さうらふ》　随而《したがひまして》弊座《へいざ》義《ぎ》興行《こうぎやう》度毎《のたびごとに》大《おほ》入《いり》繁昌《はんじやう》仕《つかまつり》候《さうらふ》段《だん》全く御ひいき御引立之《おんひきたての》程《ほど》難有《ありがたく》奉謝《しやしたてまつり》候《さうらふ》　来る四月狂言より観音霊験記卅三所花野山　併《ならび》に講軍師正月《しやうぐわつ》堂呑玉《だうどうぎよく》氏の著述に懸る柳谷霊験の新浄瑠璃差加《さしくは》へ楽家一統《がくかいつとう》勉強《べんきやう》御《お》聞《きき》に達《つし》た　初日差出し候はゞ永当〱御来車被成下度《なしくだされたく》偏奉願上候　恐惶謹言

彦六座　敬白

「観音霊験記卅三所花野山　併に講軍師正月堂呑玉氏の著述に懸る柳谷霊験の新浄瑠璃差加へ」た興行だった。講軍師の正月堂呑玉作になる新作浄瑠璃「柳谷霊験」が新たに添加された。「番外」が増えた。

第壱番札所　紀伊国那智山
花山院熊野詣のだん　　竹本源氏太夫
竹本五　太夫
竹本久美恵太夫
竹本羽智太夫
竹本鹿野太夫
竹本源子太夫
竹本麻時太夫
第廿七番札所　書写寺霊験
和泉式部庵の段　　竹本七栄太夫
第廿五番札所　新清水寺由来
陪夫屋舗の段　　竹本朝の太夫
竹本朝路太夫
竹本組尾太夫
同引尾山のだん　　竹本浦　太夫
第廿弐番札所　惣持寺由来

飾磨浜辺の段　　竹本越〇（ママ）太夫
同　御座舟のだん　　竹本尾上太夫
同　由良浜辺の段　　竹本源　太夫
第十六番札所　清水寺霊験
景清石牢より大仏供養の段　　竹本組栄太夫
竹本十八太夫
番外　柳谷寺霊験
深江庄作住家の段　　竹本八　太夫
竹本七五三太夫
第廿六番札所　法華寺由来
法道上人奇瑞の段　　竹本梅　太夫
桐竹　亀　松
此所出遣い早替りにて御覧に入候
番外　二月堂良弁僧正伝説
志賀里の段　　竹本生嶋太夫
同　桜の宮物狂のだん　　竹本菅　太夫

竹本角　太夫
竹本八　太夫
竹本組栄太夫
竹本源子太夫
同　東大寺の段　竹本山登太夫
同　良弁杉のだん　竹本組　太夫
第六番札所　壺坂寺霊験
土佐町茶屋の段　竹本菅　太夫

座頭沢市内の段　竹本越　太夫
野澤　吉弥
第廿四番札所　中山寺霊験
池田炭屋の段　竹本角　太夫
豊竹新靭太夫
中山寺鐘の苧の段　竹本可　太夫
同七月九日法会観音影向の段　竹本七栄太夫

番付の上演曲名の下には「札所十九ヶ所」とあるが、札所は九箇所しかない。表示の上では再演より一箇所増えているのに、実際に床で語られたのでは三箇所減っている。やはり舞台上の演技には番付には記されていない何かが演じられていたことが推測される。第廿六番札所「法華寺由来　法道上人奇瑞」では桐竹亀松が「出遣い早替り」を演じた。

次いで、明治二十八年（一八九五）四月、同じく稲荷座で『観音霊験記　三拾三所花野山』（札所十八ヶ所）が演じられた。番付には「口上」はない。上演された場面と出演太夫を見てみよう。

第一番札所　紀伊国
　花山院熊野詣のだん　　豊竹靭當太夫
　　　　　　　　　　　　竹本福　太夫
　　　　　　　　　　　　竹本隅栄太夫
　　　　　　　　　　　　竹本一　太夫
第五番札所　藤井寺
　霊験のだん　　　　　　竹本長子太夫
第十六番札所　清水寺霊験
景清石穽より大仏供養迄　竹本の　太夫
豊竹新靭太夫
第廿四番札所　中山寺霊験
池田炭屋のだん　　　　　竹本谷路太夫
豊竹生嶋太夫
中山寺鐘の苧の由来　　　竹本組の太夫
番外札所　二月堂

志賀の里のだん　　　　　竹本春子太夫
桜の宮物狂のだん　　　　竹本角　太夫
　　　　　　　　　　　　竹本谷路太夫
　　　　　　　　　　　　竹本雛　太夫
　　　　　　　　　　　　竹本一　太夫
此所人形出つかひにて御覧に入申候
東大寺のだん　　　　　　竹本長子太夫
良弁杉のだん　　　　　　竹本越　太夫
第六番札所　壷坂寺霊験
土佐町茶店のだん　　　　竹本伊達太夫
座頭沢市内より御山の御霊験まで　竹本大隅太夫
此所人形出つかひにて御覧に入申候
　　　　　　　　三味線　豊澤　団　平

番付の上演曲名の下には「札所十八ヶ所」とあるが、太夫欄の場割りでは六箇所になり、中狂言に『おはん長右衛門　桂川連理柵《かつらがわれんりのしがらみ》』、切狂言に『武田信玄長尾謙信　本朝廿四孝《ほんちょうにじゅうしこう》』（四段目）が付けられた上演になっている。

明治三十四年六月、堀江明楽座で『観音霊験記　三拾三所花野山』（大序より大切まで）が上演された。「口上」はない。上演された場面と出演者は次のとおり。

大序　那知山
花山院熊野詣のだん

竹本生勢太夫
竹本組栄太夫
竹本此勢太夫
竹本靭木太夫
竹本弥代太夫
竹本弥常太夫
竹本住子太夫
竹本子友太夫
竹本小福太夫

谷汲寺
霊験のだん

竹本小達太夫
竹本生栄太夫

藤井寺霊験

竹本弥珏太夫

藤井安元由来

竹本小隅太夫

清水寺霊験
景清牢屋より大仏供養まで

豊竹立身太夫
竹本長子太夫

草堂霊験
紙屋内のだん

竹本弥生太夫

竹本春子太夫

幽霊鐘のだん　竹本一　太夫

中山寺霊験

炭屋のだん　竹本弥生太夫

豊竹新靹太夫

鐘の苧の由来　竹本加賀太夫

番外二月堂霊験

志賀里のだん　竹本雛　太夫

桜の宮物狂ひのだん　竹本角　太夫

竹本一　太夫

竹本弥珏太夫

竹本子友太夫

竹本住子太夫

竹本組代太夫

討三味線　豊澤仙左衛門

外　五　名

此所人形出遣いにて御覧に入候

東大寺のだん　竹本菊　太夫

良弁杉の由来　竹本住　太夫

此所人形出遣いにて御覧に入候

壷坂霊験

土佐町のだん　竹本春子太夫

沢市内より御山霊験地まで　竹本大隅太夫

鶴澤　叶

此所人形出遣い早替りにて御覧に入候

吉田玉松

……………………

初瀬寺霊験

未来男釣鐘の由来　豊竹柳適太夫

竹本雛　太夫

竹本弥雲太夫

豊竹小福太夫

「初瀬寺霊験」の前に、中狂言『伊勢音頭恋寝刃』（二見浦・古市油屋）を挟んでいる。「大序より大切まで」と言っているが、上演されたのは霊場九箇所、十五段であった。

「大序那知山　花山院熊野詣」から始め、「壷坂霊験　土佐町　沢市内より御山霊験地まで」で結んでいるから「大序より大切まで」でも良いのだろうが、初めの頃に比べるとずいぶん簡素な「通し」上演という感じがする。「初瀬寺霊験　未来男釣鐘の由来」は『観音霊験記　三拾三所花野山』の中の一段ではあるが、豊竹柳適太夫が出演しており、また中狂言として『伊勢音頭恋寝刃』を挟んでいるので、切狂言と考えるべきなのだろう。

次に、明治三十九年（一九〇六）四月、市の側堀江座で『観音霊験記　三十三所花野山』（札所十九ヶ所）が上演されている。これも「口上」はない。上演された場面と出演者は次のとおり。

大序　那知山

花山院熊野峠（ママ）のだん

竹本初子太夫
竹本花　太夫
竹本當久太夫
竹本敷嶋太夫

谷汲寺
霊験のだん

竹本伊達の太夫
竹本吉野太夫
豊竹靭木太夫
竹本組代太夫

藤井寺
藤井安元由来　豊竹君　太夫
清水寺霊験
景清牢屋のだん　竹本弥常太夫
豊竹此　太夫
中山寺
池田炭屋のだん　竹本花　太夫
豊竹新靭太夫
鐘の苧由来のだん　竹本米　太夫
二月堂
志賀里のだん　竹本角　太夫
桜の宮物狂ひのだん　竹本錣　太夫
竹本一　太夫
竹本生勢太夫

竹本此尾太夫
竹本一子太夫
此所人形出遣いにて御覧に入候
柳谷寺
深江庄作住家のだん　竹本組栄太夫
竹本長子太夫
東大寺のだん　豊竹司　太夫
良弁杉のだん　竹本住　太夫
此所人形出遣いにて御覧に入候
壷坂寺
土佐町のだん　竹本角　太夫
沢市内より御山霊験地まで　竹本伊達太夫
此所人形出遣いにて御覧に入候

「札所十九ヶ所」とあるが、上演された札所は八箇所で十三段。「二月堂」を前後二場に分け、間に

「柳谷寺」を挟んだ形で上演された。「二月堂」および「壷坂寺」では「良弁杉ノ舞台モ衣裳モ新ニ、行列ノ供人形楽屋総出デ勤メ、壷坂デハマグネシヤ仕掛デ紫雲ヲ棚引カセ観世音ノ出現ヲ見セタ。」（『義太夫年表　明治篇』の備考）とのことで、豪華な演出が行なわれたようである。マグネシュウムを用いるところなどはいかにも明治の文明を取り込んだという感じがする。

明治期最後の「通し上演」は、明治四十二年（一九〇九）四月、市の側堀江座の『観音霊験記　三拾三所花野山』（札所巡拝）であった。これも「口上」はなく、上演された場面と出演者は次のとおりである。

大序　那智山
花山院熊野峠《ママ》のだん

竹本早稲大夫
竹本児島大夫
竹本島路大夫
竹本生栄大夫
竹本隅登大夫
竹本一三五大夫
竹本雛子大夫
竹本若葉大夫

竹本小藤大夫
竹本菅子大夫
竹本美島大夫
竹本小苗大夫
竹本小幾大夫
竹本春代大夫
竹本新菅大夫
竹本初音大夫
竹本隅栄大夫

谷汲寺
　霊験のだん
毎日替り
　竹本隅登大夫
　竹本生栄大夫
　竹本小国大夫
　竹本栄　大夫

藤井寺
　藤井安元の由来　　竹本絹　大夫

清水寺
　景清牢屋のだん　　竹本敷島大夫
　　　　　　　　　　豊竹司　大夫

中山寺
　池田炭屋のだん　　竹本里　大夫
　　　　　　　　　　竹本菅　大夫
　鐘苧の由来　　　　竹本薫　大夫

二月堂
　志賀里茶園のだん　竹本雛　大夫

　此所人形出遣いにて御覧に入申候
此間三十三年たつ　　竹本角　大夫
桜の宮物狂ひのだん　竹本錣　大夫
　　　　　　　　　　竹本静　大夫
　　　　　　　　　　竹本小国大夫
　　　　　　　　　　竹本栄　大夫
　　　　　　　　　　豊澤新左衛門
　　　　　　　　　　豊澤団　丸
　　　　　　　　　　豊澤団　友
　　　　　　　　　　　外二名
東大寺のだん　　　　竹本三笠大夫
良弁杉のだん　　　　竹本大嶋大夫
　此所人形出遣いにて御覧に入申候
壷坂寺
土佐町のだん　　　　竹本静　大夫

沢市内より御山まで　　竹本春子大夫　―

上演された札所は七箇所、十二段であった。

一概に『観音霊験記　三拾三所花野山』と言っても、もちろん最初から三十三所全部が揃っていたわけではないが、同じような芸題で繰り返し上演されているうちに、一覧表（上演年表（1））を見ても分かるように、上演される場面が少なくなり、固定化してきているのが分かる。そうした中でも「壷坂寺」「二月堂」は毎回必ず上演されている。これらの場面は人気の高い場面であり、観客に愛好された演目であったことを示している。

五の三　欠番札所の補充

明治四十三年（一九一〇）十一月、市の側堀江座で、前狂言『加賀見山旧錦絵』（大序より奥庭まで）の中狂言として上演された『西国廿八番札所成相寺　観音霊験記』は欠番札所の補充である。原作『西国三拾三所　観音霊場記』、改編作『観音霊験記　三拾三所花野山』はともに「三十三所」を題名に唱えながら、上にも述べたように、欠番になっている霊場がいくつかあった。二十八番札所「成相寺」もその一つであった。堀江座の座主、木津谷吉兵衛は番付の「口上」で次のように述べている。

口　演

晩秋の折から御全市各位諸彦《しよげん》益々御隆栄の段奉賀候　随ひまして当興行の中狂言として竹本春子大夫相勤めまする西国廿八番札所丹後国成相寺観世音霊験記の義は大阪毎日新聞記者香川蓬州氏の新作にして　氏は当夏成相寺の住職より親しく聞得られし処の実事談を骨子として天の橋立其他の名所旧跡をも一段の中に書加へられたる尤も趣味ある新浄瑠璃に御座候　然るに豊澤新左ェ門もまた畢生の力を尽くし工夫を凝して節附したるものに候へば大道具大仕掛けにて御覧に入れ可申　尚一座は此際一層大勉強を旨として出演可仕候間《つかまつるべくさうらふあひだ》旧倍の御ひいき御引立之程偏に奉希上候

月　日　　堀江座々主　木津谷吉兵衛　敬白

「西国廿八番札所丹後国成相寺観世音霊験記の義は大阪毎日新聞記者香川蓬州氏の新作にして　氏は当夏成相寺の住職より親しく聞得られし処の実事談を骨子として天の橋立其他の名所旧跡をも一段の中に書加へられたる尤も趣味ある新浄瑠璃に御座候」、すなわち、作者は「大阪毎日新聞記者香川蓬州」であり、現地に取材して、「実事談を骨子として天の橋立其他の名所旧跡をも一段の中に書加へられた」所作事的な場面も含む「趣味ある新浄瑠璃」であった。作曲者は「豊澤新左ェ門」で「畢生の力を尽くし工夫を凝して節附したるもの」であった。その内容と出演者は次のようである。

傘松茶店のだん　竹本角　大夫

悪婆お源内より文珠堂前成相観音御利益のだん　切　竹本春子大夫

此所人形出遣いにて御覧に入申候

竹本春子大夫が語った「悪婆お源内より文珠堂前成相観音御利益」では「人形出遣いにて」「大道具大仕掛けにて」華やかな演技が展開されたようである。正確なストーリーが不明のため具体的なことはわからないが、「お源」は人形の筆頭の吉田兵吉が遣っている。

この堀江座座主の木津谷吉兵衛の「口演」の熱のこもった書き振りに、『西国廿八番札所成相寺観音霊験記』上演の意気込みと、三十三番全札所を揃えて完結させたいという意欲のほどを読み取ることが出来るように思う。

五の四　『観音霊験記　三拾三所花野山』上演史（大正時代）

ついでに大正時代の浄瑠璃の様子を見ておこう。『義太夫年表　大正篇』によると、

上演年表（2）

大正　二年　三月　近松座　『西国三拾三所花野山　第六番札所』壷坂寺由来
大正　二年　六月　御霊文楽座　『壷阪寺霊験記』沢市住家
大正　三年　三月　御霊文楽座　『壷坂観音霊験記』沢市住家
大正　三年　五月　近松座　『三十三所壷坂観音霊験記』土佐町　沢市内
大正　四年　三月　御霊文楽座　『壷阪霊験記』土佐町　沢市内

大正　五年　二月　近松座　『三拾三所観音霊験記』藤井寺　二月堂志賀里　桜の宮物狂ひ　東大寺良弁杉　壺坂寺沢市内　同御山

大正　六年　四月　御霊文楽座　『壺坂霊験記』土佐町　沢市内　壺坂寺御礼参り

大正　七年　二月　御霊文楽座　『壺坂霊験記』土佐町　沢市内

大正　八年　一月　竹豊座　『卅三所観音霊験記』土佐町　沢市内より壺坂寺まで

大正　八年　四月　御霊文楽座　『壺坂霊験記』土佐町　沢市内　壺坂寺御礼参り

大正　八年　六月　竹豊座　『観音霊験記三拾三所花の山』大序那智山　谷汲寺霊場　清水寺景清　牢屋　柳谷庄作内　中山寺池田炭屋　鐘苧　志賀里　桜の宮物狂ひ　東大寺　良弁杉　壺坂土佐町　沢市内より御山まで

大正　九年　三月　竹豊座　『卅三所観音霊験記』沢市内より六番札所壺坂寺御山霊地まで

大正　九年　五月　御霊文楽座　『壺坂霊験記』土佐町　沢市内　御礼参り

大正一〇年　五月　御霊文楽座　『卅三所花の山観音霊験記』二月堂より壺坂寺まで

大正一二年一〇月　御霊文楽座　『卅三所観音霊験記』土佐町　沢市内　壺坂寺御礼参り

大正一三年　四月　新京極文楽座　『三十三所観音霊験記』土佐町　沢市内

大正一三年　五月　御霊文楽座　『三十三所壺坂寺』沢市内

大正一三年一〇月　新京極文楽座『三十三所壷坂寺』沢市内
大正一四年　四月　御霊文楽座『南都二月堂良弁杉由来』志賀の里より二月堂
大正一四年　六月　御霊文楽座『壷坂霊験記』土佐町　沢市内
大正一五年　四月　御霊文楽座『三十三所壷坂寺』土佐町　沢市内

大正年間には合計二十一回上演されている。その内十七回が必ずしも同じ題名ではではないが、「壷坂」を独立させて上演したものであった。御霊文楽座が十一回、新京極文楽座が二回、残る四回が非文楽系の近松座と竹豊座であった。

「三十三所」を名乗り、オムニバス風に「観音霊験記」を上演したのは、大正五年（一九一六）二月近松座、大正八年（一九一九）六月　竹豊座、大正一〇年（一九二一）五月　御霊文楽座、の三回だけである。

大正五年（一九一六）二月、近松座の『三拾三所観音霊験記』は「子供俳優身振り浄瑠璃」であった。演じられたのは「藤井寺」「二月堂志賀里・桜の宮物狂ひ・東大寺良弁杉」「壷坂寺沢市内・同御山」の三霊場七段であった。番付の「口上」には次のようにある。

乍憚口上

厳寒の候各位様愈々御機嫌よろしく御渡らせられ恐悦至極に奉存候　随まして当座義先年閉場以来

屢々《しばしば》再興の計画致候へ共　有る事情の為め開場する事を得ず空しく星霜を送り　遺憾ながら一ヶ年余休場するの止を得ざる仕儀に有之候　然る処昨年以来御贔屓様方より再三再四開場せよと難有御勧めを蒙り　度々座員一同会合仕り候へ共　何分御承知の通り目的たる人形遣い幹部連無之為に到底御観客に御満足を与へ候事なし難くと種々苦心の折柄　或る御贔屓より数十年中絶なしたる子供俳優身振り浄瑠璃になしては如何にと御勧告に随ひ　義振会と名称を附し浄瑠璃身振開演致し従来役割語り場との悪習を革新　一座舞台を懸命に相勤め可申に付　開演の当日より永当〳〵御来場の程偏に奉懇願候　敬白

月　日

近松座

出演者一統

各　位

「子供俳優身振り浄瑠璃」で演じた事情を、「人形遣い幹部連無之為に　到底御観客に満足を与へ候事なし難くと種々苦心の折柄　或る御贔屓より数十年中絶なしたる子供俳優身振り浄瑠璃になしては如何にと御勧告に随ひ　義振会と名称を附し浄瑠璃身振開演致し」たと述べており、「従来役割語り場との悪習を革新　一座舞台を懸命に相勤め可申…」という言葉から当時の舞台の裏側の事情なども推測することが出来ておもしろい。その出演者は次のようである。

藤井寺のだん

竹本弥の太夫
豊沢　丸子
竹本小島太夫
豊沢　団造
竹本松重太夫
豊沢　竹弥
竹本栄美太夫
豊沢　三郎
竹本達代太夫
野沢　八造
竹本子扇太夫
豊沢　力造
竹本満　太夫
野沢　吉鳥
竹本絹　太夫
豊澤助三郎

（毎日がわり）

二月堂志賀の里のだん

竹本三笠太夫
ツレ　竹本春治太夫
豊澤仙　市
毎日替り　豊沢小　団
　　　　　豊沢新之介
竹本角　太夫
竹本栄　太夫
毎日替り　竹本東　太夫
　　　　　竹本雛子太夫
竹本組栄太夫
竹本春治太夫
竹本子扇太夫
竹本満　太夫
豊澤新　造
豊澤竹三郎
豊澤源　吉

桜の宮物狂ひのだん

豊澤龍太郎
野沢仙松　　壷坂寺沢市内のだん
野沢吉子
毎日替り（豊沢団造　　同御山のだん
　　　　　豊沢丸子
竹本菅太夫

豊澤竹三郎
竹本角太夫
豊澤助三郎
竹本錦太夫
三味線　豊澤団平
ツレ　豊（沢）龍市

東大寺良弁杉のだん

「壷坂寺　御山」の三味線は豊澤団平であったが、これは三代目である。

大正八年（一九一九）六月、竹豊座で『観音霊験記　三拾三所花の山』が「半通し」の形で演された。番付の「口上」には次のようにある。

乍憚口上

梅雨之候四方の御客様方益々御機嫌宜敷恐悦至極に奉存じ候　随まして当座義毎回開演毎に一方ならず御引立蒙り御蔭を以て日増隆盛致し難有厚く御礼申上候　偖《さ》て今度組栄太夫義御贔屓様の御勧メに随ひ六代目竹本越太夫の名跡《みやうせき》を襲《おそ》ひ当興業より改名致し芸題の義ハ本人得意の物を出演致可申候　就てハ曽て大坂近松座にておなじみの豊澤龍市義先年以来国家のため連合軍に従ひ満州里方面へ永らく出征致し居り候処今回無事凱戦仕り　当興業ヨリ出勤仕り候に付　是又当座全員同様の

御贔屓御引立被成下何卒〳〵初日開演当日ヨリ永当〳〵御来臨《らいりん》御見物の程偏に奉希上候也

竹豊座　敬白

この興行は「竹本組栄太夫改メ竹本越太夫」の襲名披露と「豊澤龍市凱旋帰国」挨拶の芝居だったが、竹本越太夫は『小春治兵衛 心中天網島《しんじゅうてんのあみじま》』（新地河庄《しんちかわしょう》）に出演し、『観音霊験記　三拾三所花の山』には出なかった。

上演場面と出演者は次のようであった。

大序　那智山　のだん　豊竹時子太夫
竹本千賀太夫
竹本多見太夫
竹本富久太夫
竹本鳴尾太夫
豊竹時の太夫
竹本亀　太夫
竹本久米太夫
谷汲寺　霊場のだん　竹本角栄太夫
清水寺　景清牢屋のだん　竹本千嶋太夫

豊竹古金太夫
柳谷庄作内のだん　竹本　操太夫
中山寺　池田炭屋のだん　竹本千嶋太夫
竹本雛子太夫
鐘苧のだん　竹本松重太夫
志賀里のだん　竹本明石太夫
此間三十五ヶ年
桜の宮物狂ひのだん　竹本角　太夫
竹本三好太夫
竹本明石太夫

東大寺　のだん
良弁杉のだん
竹本松重太夫
豊竹古金太夫
竹本錦　太夫

壺坂　土佐町のだん
沢市内ヨリ御山まで
竹本圓　太夫
竹本角　太夫

札所は七箇所、十二段。中狂言には『日吉丸稚桜』切狂言に『小春治兵衛心中天網島』が上演された。

大正十年（一九二一）五月、御霊文楽座で、前浄瑠璃『伽羅先代萩《めいぼくせんだいはぎ》』（大序より御殿の段まで）、中浄瑠璃『義士銘々伝』の切浄瑠璃として『卅三所花の山観音霊験記』（二月堂より壺坂寺まで）が上演されている。

番付の「口上」には次のようにある。

乍憚口上

新緑爽やかなる此頃四方御客様にはいよ〳〵御機嫌よく遊ばされ奉大賀候　偖而《さて》此度当座五月興行開場の運びに立当り候処　例に拠つて狂言の選択ハ申すに及ばず一同大車輪を以て相勤め　わけても此度は当座にてハ始めての観音霊験記「二月堂」の場を上場いたすべきことゝ相成候間　定めし斯道《しだう》皆々様の御意に入る可き事と奉存候　何卒いつ〳〵にも倍して御贔屓御引立の程奉懇願候

文楽座々主　松竹合名社　敬白

文楽座では、これが「二月堂」の最初の上演であった。「此度は当座にてハ始めて観音霊験記「二月堂」の場を上場いたすべきことゝ相成候」とわざわざ断っているところに、非文楽系の芝居で育成されてきた作品「二月堂」に対して、後述の明治三十六年（一九〇三）五月の「壷坂」同様に無視できなくなった文楽座の姿勢と非文楽系の芝居への挨拶と敬意のようなものが読み取れるように思う。上演場面と出演者は次のようであった。

志賀の里のだん	竹本錣　太夫
桜の宮物狂のだん	竹本源　太夫
	竹本静　太夫
	豊竹島　太夫
	竹本越穂太夫
	竹本越登太夫
東大寺のだん	竹本町　太夫
二月堂良弁杉のだん	豊竹古靭太夫

土佐町のだん	豊竹和泉太夫
沢市内のだん	竹本伊達太夫
御礼参りのだん	豊竹和泉太夫
	竹本文　太夫
	竹本越名太夫
	豊竹辰　太夫
	竹本陸路太夫

「二月堂」と「壷阪」の札所二箇所のみの上演であった。

これが次に述べる、大正十四年（一九二五）四月、御霊文楽座で上演された『南都二月堂良弁杉由来』の独立上演につながっていくのである。

大正時代になると、「壷坂寺」の霊験談は、オムニバス風に「通し狂言」として上演されるよりは、独立した一段物として上演されることが多くなり、この狂言の生みの親である彦六座などの非文楽系の芝居だけでなく、文楽座でも上演されるようになった。そして、オムニバス風に「通し」で上演されるときには「三十三所花野山」が題名につけられているが、やがて「花野山」が落ち、「壷坂」一段だけの上演の時には「三十三所」も落ちて、ただ「壷坂霊験記」のようになっていく。特に文楽座では「三十三所」を付けなくなって行く。「壷坂」の狂言の題名については、早く横山正氏による、次のようなご指摘がある。

注意すべきは団平が関係した当時の非文楽系の座では明治期を通じて「三拾三所花野山」中の「壷坂寺の段」として上演した（付け物としてこの段のみ上演の時も同じ）のに対し、文楽座で上演の時は「壷坂霊験記」と改題している（『義太夫年表』）ことである。初名に忠実な前者の態度をみるべきである。

厳密に言えば、文楽座でも「三十三所」が付けられていることもあったのだが、傾向としてはご指摘の通りである。「壷坂」と豊澤団平については後に触れるので、今ここではこのようなご指摘のあることだけ述べておく。

六　『壷坂霊験記』一段物として独立

明治二十年（一八八七）に、改定・整備された『観音霊験記　三拾三所花野山』全四十三段から特定の一場面（段）を独立させて一段物として上演された最初は、明治三十二年（一八九九）四月、堀江明楽座の『三拾三所　観音霊験記』であった。その時の番付の「口上」には次のようにある。

口　演

一春暖の砌に御座候処大方諸君子《しょくんし》様《さま》方益々御清福に被為渡《わたらせられ》恐悦至極に奉賀上候　従而当座義興行毎に大入大繁栄仕り難有仕合と一座欣喜雀躍《きんきじゃくやく》（踊）奉御礼申上候　然に本年は当座に永年出勤仕候　故豊澤団平氏の壱周年に当り尚同妻千賀女の七回忌に当り候処　前方右千賀女作の観音霊験記壷坂は竹本大隅太夫永年団平氏に付添　始而《はじめて》舞台にて御《お》聞《きき》に達し一入《ひとしほ》御意《ぎよい》に相《あい》叶《かなひ》候《さうらふ》事故《ことゆゑ》　此の度四方御客様方の御進により前述の縁故《えんこ》も有之事故　右芸題を相勤むる事に相成候間　何卒不相変御引立を以て開場より永当々々賑々敷く御来車之程偏に奉希上候　以上

月　日　　　座主敬白

「本年は当座に永年出勤仕候　故豊澤団平氏の壱周年に当り尚同妻千賀女の七回忌に当り候」、すなわち、明治三十二年は、豊澤団平の一周忌、加古千賀女の七回忌に当たった。それで、「竹本大隅太夫永年団平氏に付添　始而舞台にて御聞に達し一入御意に相叶候」うた、「前方…千賀女作の観音霊験記

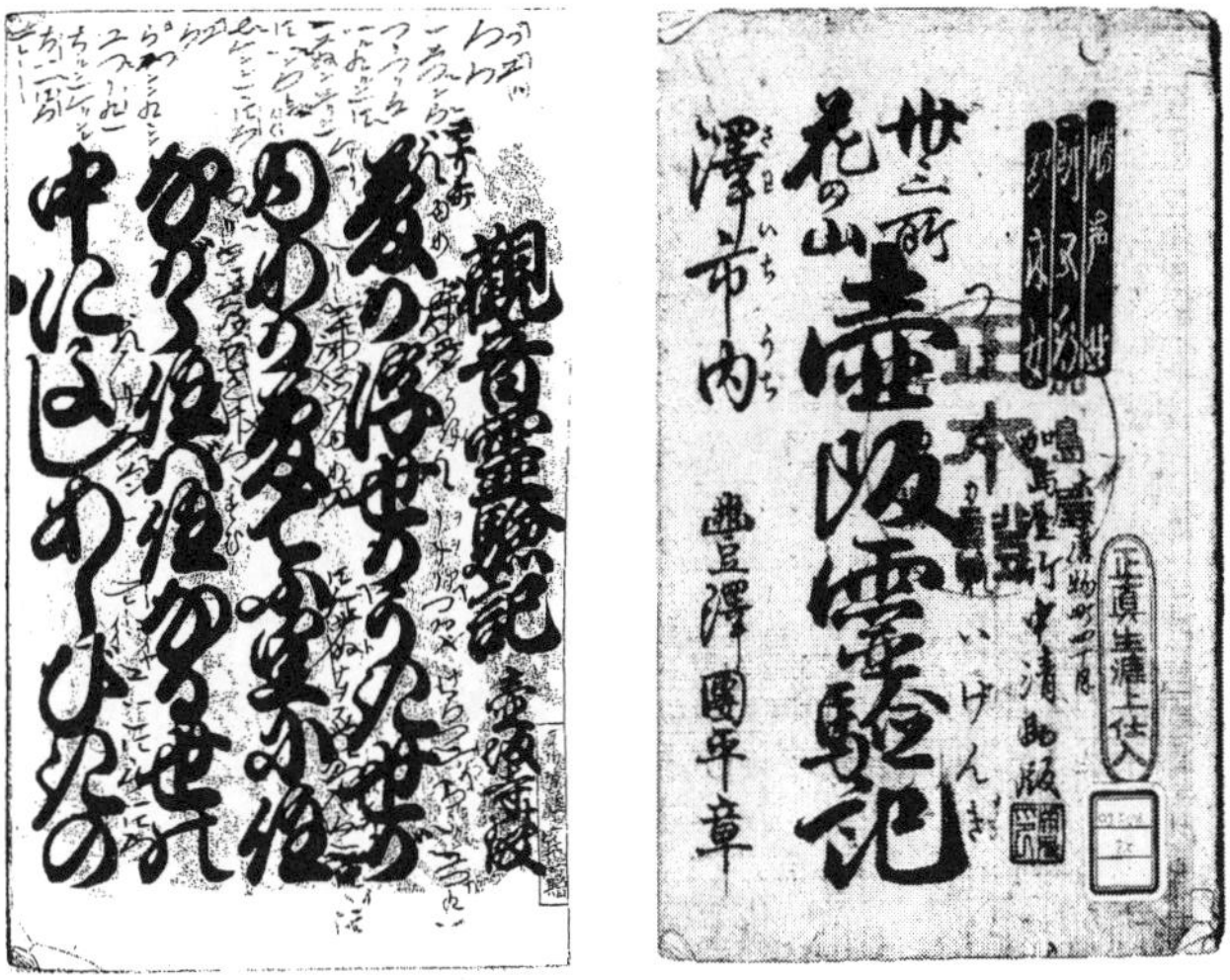

五行稽古本（A）表紙と一丁表（武庫川女子大学付属図書館蔵）

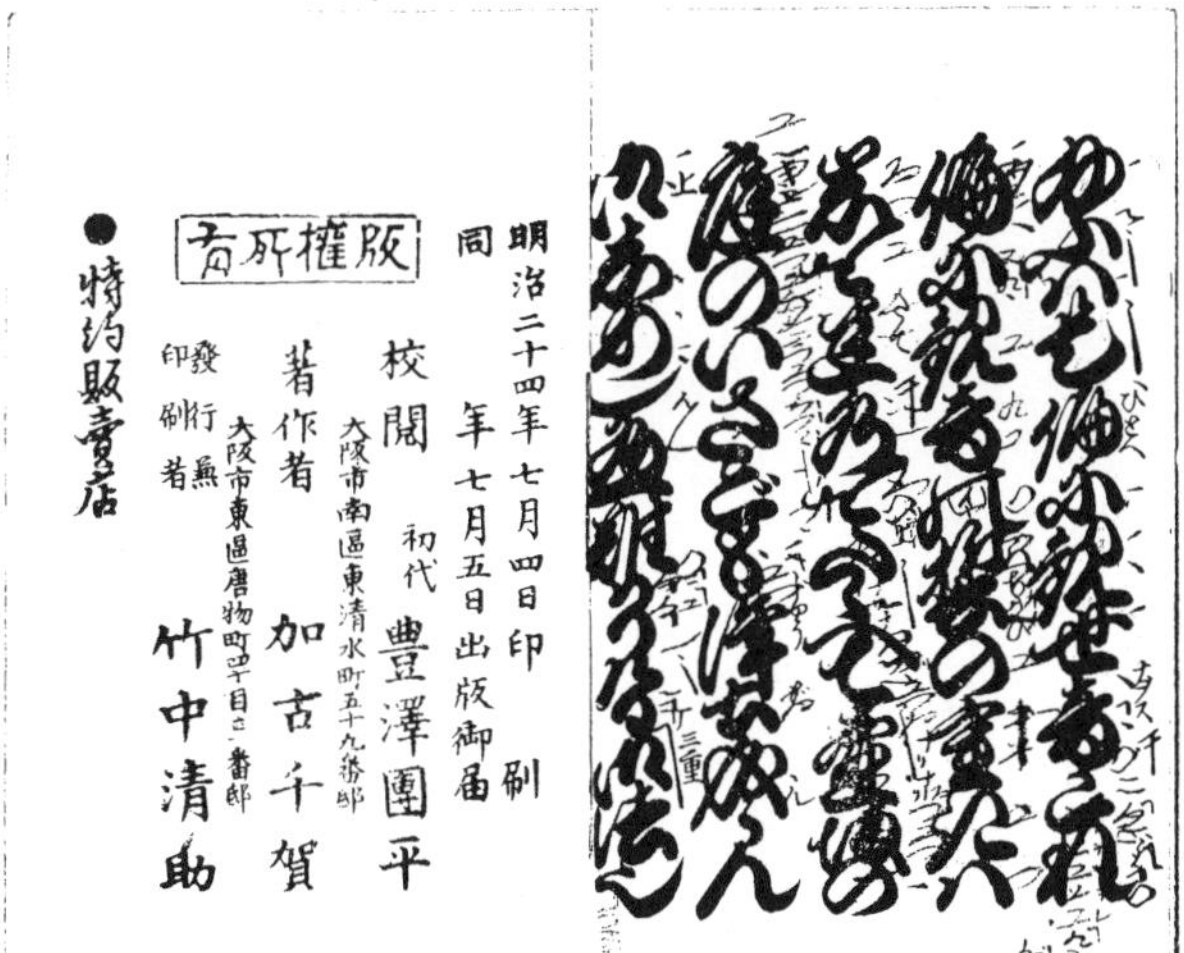
明治二十四年七月四日印刷
同　年七月五日出版御届

版權所有

校閲　初代　豊澤團平
大阪市南區東清水町五十九番邸
著作者　加古千賀
大阪市東區唐物町四丁目二番邸
發行兼印刷者　竹中清助

●特約販賣店

五行稽古本（A）終丁裏と奥付（同上）

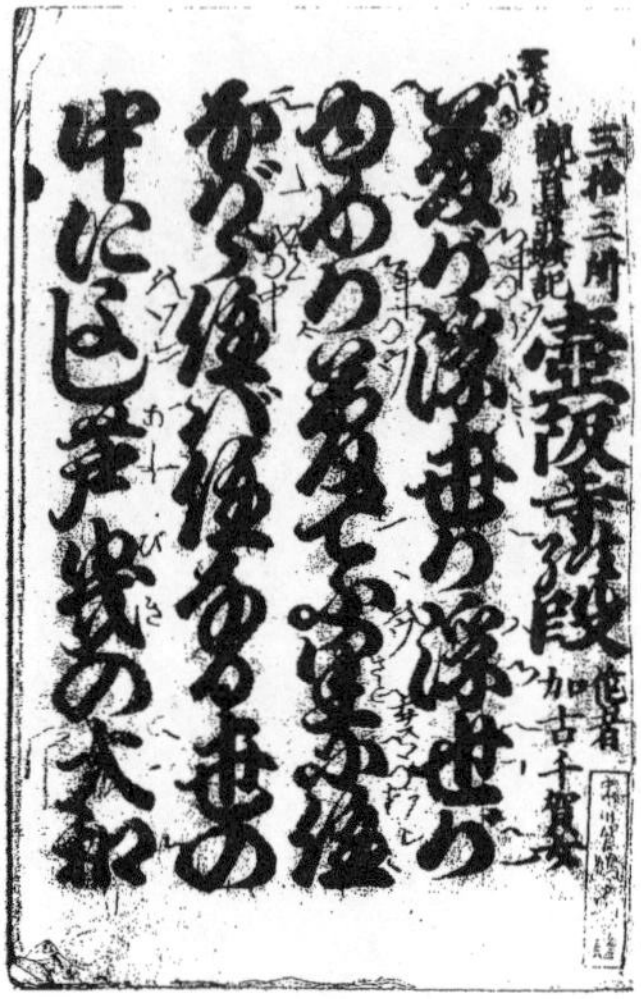

五行稽古本（B）一丁表
（武庫川女子大学付属図書館蔵）

壷坂」を二人の追善劇として上演するというのである。上演された内容は次のようであった。前浄瑠璃『碁《ご》太平記《たいへいき》白石噺《しらいしばなし》』（大序より新よし原まで）の中狂言として上演された。

土佐町のだん　　竹本雛　太夫

沢市内より御山御霊地まで

切　竹本大隅太夫

鶴澤　叶

竹本大隅太夫が「沢市内より御山御霊地まで」を鶴澤叶を相三味線にして語った。

劇場側の言葉として「観音霊験記壷坂」の作者は「千賀女」であると明言していることは注目したい。

『壷阪霊験記』の五行稽古本には、表紙に「豊澤団平　章」とあり、奥付に「明治二十四年七月四日印刷　同年七月五日　出版御届」「校閲　初代豊澤団平」「著作者　加古千賀」「発行兼印刷者　竹中清助」とあるものがある（前頁写真参照）。また、別に内題下に「作者　加古千賀女」とある本もある（右写真参照）。「豊澤団平　章」は豊澤団平作曲ということであろう。「著作者　加古千賀」とあるので、作者は加古千賀で間違いないであろう。加古千賀女の書いたものを団平は「校閲」した。

加古千賀女は文才のある女性だったようである。長文なので引用は控えるが、「文楽芝居引一条書」

という文書が残されている。その中に、竹本越路太夫に宛てた団平の代筆をした手紙が収められているので紹介しておこう。なかなかしっかりした書きぶりである。

此程は長々御くろうさま定《さだめ》て〳〵御くたびれ山々御さつし申上参らせ候　御《お》る主《す》（留守）中も御たづね不申《まうさず》御ぶさた御ゆるし被下候　扨先日より芝居之儀かれ是いたしまし誠ニ〳〵こまり〳〵参らせ候　御存の通り儀理先よりの頼れ事ニて実ニ両方申わけ立がたく　夫《それ》ゆへまづ両方共休ミ申候咄《はな》しに相成候　夫ニつき誠ニ勝手斗《ばかり》申候て甚だ〳〵あなたかたへ御気の毒さま　また〳〵御心組も御座候御事ゆへ此段早々御断《おことわり》申あげ参らせ候　何れ〳〵其内くわしき御咄しも申上候　先は右御断あら〳〵かしこ

八月廿三日　　　　豊澤団平
　　　　　　　　　代千か

竹本越路太夫様
　　　御断書

その後、明治三十五年十一月、堀江明楽座『西国三拾三所壷坂寺』、明治四十年五月、市の側堀江座『三十三所観音霊験記』、明治四十四年四月、市の側堀江座『観音霊験記　三拾三所花野山』と「壷阪」の「沢市内より御山まで」（明治三十五年十一月、堀江明楽座では「御礼参り」を付ける）を一段物として上演している。

明治三十五年（一九〇二）十一月の堀江明楽座では、前『ひらかな盛衰記』（大序より三段目まで）の切狂言として『西国三拾三所壷坂寺』が上演されたが、出演者は次のようになっていて、竹本大隅太夫は出演していない。

土佐町沢市内より御山御霊地迄

御礼参りのだん

竹本弥　太夫
竹本住　太夫
竹本好友太夫
竹本組栄太夫
豊竹此勢太夫
豊竹弥代太夫
竹本小達太夫

明治四十年（一九〇七）五月、市の側堀江座では、前『一谷《いちのたに》嫩軍記《ふたばぐんき》』（大序より三段目まで）の中狂言として『三十三所観音霊験記』が上演されている。出演者は次のようになっている。

沢市内より御山まで

中　竹本雛　太夫
切　竹本大隅太夫

明治四十四（一九一一）年四月、市の側堀江座では、前『一谷嫩軍記』（大序より三段目まで）の中狂言として『観音霊験記　三十三所花野山』が上演され、出演者は次のようになっている。

沢市内より御山まで　中　竹本錦　大夫
　　　　　　　　　　切　竹本大隅大夫

明治四十四年の番付の「口上」には「中狂言には「竹本大隅大夫」十八番の「三十三所壷坂寺」沢市内より御山迄出演仕り…」とあり、明治四十・四十四年の両度には、竹本大隅太夫は文字通り「十八番」を勤めた。

一方、文楽座系での最初は、明治三十六年（一九〇三）五月、御霊文楽座で上演された前『妹背山婦女庭訓』（大序より御殿まで）の切狂言『壷阪霊験記』であった。その出演者は次のようである。

土佐町松原の段　竹本住　太夫
沢市住家のだん　切　竹本大隅太夫
　　　　　　　　　　鶴澤　叶
壷坂寺のだん　かけ合　竹本殿母太夫
　　　　　　　　　　竹本谷栄太夫
　　　　　　　　　　竹本津直太夫
　　　　　　　　　　竹本さ路太夫

「沢市住家」を竹本大隅太夫が勤めている。番付の「口上」には次のようにある。

口上

私儀

一　曩《さき》に故　小松宮殿下より摂津《せっつ》大　掾《だいじやう》と改名可致《いたすべき》旨《むね》御台命を蒙り候得共　先師の遺命により一と先春
太夫と改名致し候はんでは先師へ対する情誼不相立《あいたたず》候様《さうらふやう》申上候所　最に思召被下《おぼしめしくだされ》　然らば春太夫
襲名の上機見て改名可致様御沙汰を蒙り候に付　此度　殿下より拝領の摂津大掾と改名仕候義に御
座候
　殿下御在世中右之披露致し得ざりしは誠に残念至極に奉存候得共　致し方も無く　此上は拝領の
御名を穢さざらん事を念々相期《あいご》し候外無之《さうらふほかこれなく》　私之漸衰御憫察之上　乍此上御贔屓被為下候様奉冀《こひねが》
上《ひあげたてまつり》候《さうらふ》　且此度門弟大隅太夫事久し振りにて入座出勤仕候間　私同様御贔屓御引立之程併せ
て奉冀上候　以上

月　日　　竹本摂津大掾　謹白

竹本春太夫の竹本摂津大掾襲名興行であった。それに摂津大掾の「門弟大隅太夫事久し振りにて入座出勤仕候」というのである。大隅太夫は、明治三十五年（一九〇二）五月までは非文楽系の堀江明楽座に出勤していたことが、番付で確認できる。大隅太夫が明楽座から文楽座に移った事情について『義太夫年表　明治篇』の「太夫・三味線弾・人形遣　略伝」は次のように記している。

…、稲荷座が買収されたのち堀江の明楽座に転じたがはか〴〵しくなく、大隅は一座を見捨てて卅六年の博覧会興行について文楽座の摂津大掾一座に参加し「壷阪」を語った、卅九年まで文楽座に出勤、四十年に再び堀江座へ出た。

当時の芸能人の経済状況がほのかに見える。御霊文楽座は「口上」で披露して大隅太夫を歓迎したようである。

明治四十二年（一九〇九）九月には前『本朝廿四孝』（大序より四段目まで）の切狂言として『壷坂霊験記』が上演されている。その出演者は次のようで、竹本大隅太夫は出演していない。

土佐町松原のだん　　竹本源　太夫
沢市内のだん　　切　竹本南部太夫

竹本大隅太夫は既に市の側堀江座に復座、明治四十年（一九〇七）三月、『仮名手本忠臣蔵』（大序より両国橋迄）に出演、「一力茶屋」の由良之介と「山科」を勤めていた。その時の番付の「口上」には次のようにある。

乍憚口上

星月夜鎌倉山の列《なら》び大名取るにも足らぬ葉武者なれども　御贔屓の御勧めもだし難く吾々両人此度当座の御招きに応じ　忠義に凝たる四十七士が胆を嘗め薪に臥したる例に倣ひ　百折不挫の意志を堅めて愈々技芸を励み精根を尽し大方御贔屓の眷顧《けんこ》に背《そむ》かざらんことを勉めますれば　相変らず御

見棄なく永当々々賑々しく御入来之程偏に願ひ上奉ります　分けて仙左衛門事は永らく芝居を休み
久々の御目見得《おめみえ》に候へば　何れ御眼まだるき節も候わんが御贔屓の余（除）恵を以まして鷹揚に御
聴済の上御高評賜はるやう幾重にも希ひ上げ奉ります　竹本大隅太夫
丁未三月吉日　豊澤仙左衛門　百拝

上演演目『仮名手本忠臣蔵』を引用しながらの口上であるが、単なる「当て込み」ではなく、悲壮感漂うきびしさが感じられる。仙左衛門の名前はこれまでも番付の三味線欄第三位に掲載されているから、「永らく芝居を休」んでいたのは病気か、地方巡業にでも出ていたのであろう。明治三十九年（一九〇六）六月まで出勤していた文楽座から久々に復帰した大隅太夫にとっては堀江座は明るく華やかに歓迎するようなものではなく、「忠義に凝たる四十七士が胆を嘗め薪に臥したる例に倣ひ　百折不挫の意志を堅めて愈々技芸を励み精根を尽」す「臥薪嘗胆」「百折不挫」の決意、堀江座に「活を入れる」ための復帰だったのではないか。竹本大隅太夫は市の側堀江座の紋下太夫になった。

明治四十二年（一九〇九）には大隅太夫は文楽座には居なかった。

七　番外――『良弁杉由来』の成立

『良弁杉由来』が浄瑠璃で独立して上演されたのは、上の年表でもわかるように、大正十四年（一九二五）四月、御霊文楽座の『南都二月堂　良弁杉由来』（志賀の里より二月堂）である。前狂言『日吉丸稚桜』（大序より三段目迄）の中狂言として上演された。

志賀の里のだん

桜の宮物狂　のだん

東大寺のだん

二月堂のだん

竹本角　太夫
竹本錣　太夫
竹本静　太夫
竹本越登太夫
豊竹辰　太夫
竹本陸路太夫
豊竹嶋　太夫
竹本相生太夫
豊竹古靭太夫
鶴澤　清六

当時の番付の「口上」にも次のようにあり、

乍憚口上

松の緑りも色添へて春長閑《のどか》なる四方の景色誠によき頃と相成り候　御贔屓皆々様には機嫌美はしく入らせられ慶賀奉り候　偖ていつとても多大の御引立を蒙り候当座儀此度は種々選定の結果丁度時候に相応《ふさは》しき名狂言を相据へ　一座大努力を以て得意の役々に十二分の技倆を発揮して相演じ申す

べく必ずや其出来栄へ見るべきものありと存じ候間　何卒お誘ひ合され陸続《りくぞく》御光来の程奉願上候

各　位　様　　文楽座々主　松竹合名社　敬白

「…得意の役々に十二分の技倆を発揮して相演じ申すべく必ずや其出来栄へ見るべきものありと存じ候」とあるように、「二月堂の段」は豊竹古靭太夫《こうつぼ》（山城少掾《やましろのしょうじょう》）が得意とした代表的演目の一つで、晩年の演奏を私も聞いたことがある。古靭太夫はこのころから「得意」にしていたのである。

年表を見ると、大正十年（一九二一）五月、御霊文楽座は既に明治三十六年（一九〇三）五月、「志賀の里、桜の宮物狂、東大寺、二月堂良弁杉」に、「壺坂」の「土佐町松原　沢市住家　壺坂寺」を一段物の独立曲にまとめた『壺阪霊験記』を添えて、『卅三所花の山観音霊験記』と題して、上演した。この時も、「二月堂良弁杉の段」は豊竹古靭太夫が勤めている。その原形は明治二十年（一八八七）二月の『観音霊験記　三拾三所花野山』の第一回の次の演目である。番付の各段の前書きによって内容を探ってみると、

「茶つみの畑に鷲に幼子をとらる　志賀の里のだん」
「我子のほだしけふ女の物狂い　桜の宮物狂ひのだん」
「此所門前のうかがひに卅年後」
「番僧の知恵袋　東大寺のだん」
「杉の木の元親子の名のり　良弁杉のだん」

とあり、現行の『良弁杉由来』の内容と一致しているようだ。

「茶つみの畑に鷲に幼子をとらる　志賀の里」の前に「昔しに帰るひん女の再縁　南円堂のだん」があるが、それは別物かと思われる。「昔しに帰るひん女の再録」という前書きは現行の『良弁杉由来』の内容と結び付きにくいように思われる。「昔しに帰るひん女の再録」は明治十二年（一八七九）十月、大江橋席で演じられた『西国三拾三所観音霊場記』の「南円堂　木綿屋治兵へ住家の段」の内容を示していると考えるべきではないか。

「茶つみの畑に鷲に幼子をとらる　志賀の里のだん」は『西国三拾三所観音霊場記』の「石山寺　わしのだん」と関連があるのではなかろうか。良弁僧正の伝説と結び付けるために「石山寺」を借りて「志賀の里」としたと理解するのが良いのではないか。明治二十三年（一八九〇）五月の稲荷彦六座の『観音霊験記西国三拾三所花野山』（札所十八ヶ所）で「番外二月堂」として「志賀の里茶園、桜の宮物狂ひ、東大寺、良弁杉由来」が一段にまとまる。以後、この段はずっと『南都二月堂良弁杉由来』まで「番外」として扱われた。

歌舞伎の方では、もっと早く明治三十一年（一八九八）十月、中劇場で、中狂言『良弁杉』（上の巻志賀の里物乱の場　下の巻二月堂の場）が上演されている。この「志賀の里から良弁杉まで」は早くから独立化する要素・傾向を持った作品だった。

繁雑になるので、ここでは述べないが、『二月堂良弁杉由来』の形に育成して行ったのは『壷坂霊験記』と同じように加古千賀、豊澤団平の力によるものであろう。

八　むすび――関西人の心意気（競争心）

現在でもしばしば上演される『壷坂霊験記』や『良弁杉由来』は古典物と言っても明治のオムニバス風な新作浄瑠璃『西国三拾三所観音霊場記』から一段物として独立したものであり、それらが代表的演目に成長して来る過程を番付の記事を中心にしながら眺めてきた。原作者「玉龍舎定一」はどのような人物なのか不明であるが、『観音霊験記　三拾三所花野山』への改編に豊澤団平・加古千賀夫妻が関係していたことは確実であろう。

豊澤団平も加古千賀も、ともに大阪の人ではないが、大阪で活躍して数々の優れた業績を上げた人物である。『壷坂霊験記』の五行稽古本の奥付には「校閲　初代豊澤団平」「著作者　加古千賀」とあった。『壷坂霊験記』が今日見るような立派な作品になるのには団平・千賀の夫婦の協力があったのだ。加古千賀の協力ぶりは「文楽芝居引一条書」に収められている竹本越路太夫に宛てた団平の代筆の書簡にも見ることができよう。団平と千賀との夫婦仲は沢市とお里のようであったのかもしれない。文才があり、意欲的に団平に尽して生きようとした妻の「著作」作品を「校閲」する団平の姿を思い浮かべると、団平が「亭主関白」であったか、どうかは別として「愛妻家」であったと思ってよいだろう。

豊澤団平は文楽座から彦六座に移り、文楽座と対立したように見えるが、団平は決して文楽座を壊滅させようとしたわけではなかった。この「観音霊験記」の変遷して行く様子を見ていると、同じ人形浄瑠璃であっても彦六座は彦六座、文楽座は文楽座といったような行き方をしていたように思える。文楽座と彦六座の競争は「共存共栄」の競争であったとも見られよう。文楽座が「二月堂」を初めて上演したときの松竹合名社の「口上」には彦六座に対する敬意のようなものが読み取れた。

明治の文楽座と彦六座の対立の中から生まれ、非文楽系の芝居で育てられ、完成した『壷坂霊験記』や『良弁杉由来』はやがて文楽座でも上演されるようになり、人形浄瑠璃の大事な演目、財産になった。彦六座と文楽座の対決は相手を破壊することに目的があったのではなく、むしろ人形浄瑠璃の発展を目指した生産的な建設的な競争であったと見るべきではないかと思われる。

戦後の一時期、昭和二十四年、文楽は生活をかけて、因《ちなみ》会と三和《みつわ》会との二つに分かれた。今その様子について具体的に述べる余裕はないが、因会と三和会との対立・競争は関係者には厳しいものであったろうが、松竹から分離していった三和会で育てられて立派な技芸員になり、現在の文楽の世界で中枢を勤めている人が沢山おられる。

「弱肉強食」、相手を倒すことばかり考える競争からは健全なものは生まれてこない。相手を倒す競争ではなく、「共存共栄」、ともに伸びていく競争。大阪商人がよく口にする典型的な大阪弁「儲かりまっか？」という言葉には、きびしい競争の中にも連帯意識のようなものが感じられる。「関西人の心意気」というのはこういうことを言うのではないだろうか。

今、我々は二十世紀から二十一世紀へ向けて、「自由競争の時代」と称して　大きく変わりつつある。その競争は明日への健康な発展につながる競争であって欲しいと思う。

大阪で生まれ育った文楽、前途は決して明るくないが、暗くもないと思っている。かつての文楽座と彦六座、昭和の因会と三和会のように、二つに分かれるようなことは決して希望しない。そんなことになってはならないと思っている。そうした現象が起こった時代と現在では文楽を取り巻く状況が違う。文楽の人たちは文楽の人たちで、我々観客は観客で、それぞれ日本人として日本の心をより豊かなものに育て、伝えていくという意味での競争をしていくべきであろう。「文楽人形浄瑠璃」は日本の伝統文化の一つとして、二十一世紀になっても、砂漠のように干涸《ひから》びてしまいそうな日本人の心に潤いを与える「心のオアシス」として、健康に生き続けて欲しいと思っている。切望している。

昭和三十一年（一九五六）五月、四つ橋から道頓堀へ進出したばかりの文楽座で豊澤団平に取材した新作文楽『名人豊沢団平』が上演された。その劇中劇『花野上野誉の石碑』「志渡寺の段」から団平の臨終まで、昭和の名コンビ、竹本綱大夫・竹澤弥七が演奏した。今、そんなものを懐かしく思い出したりするのは筆者のセンチメンタリズムであろうか。

〈参考文献〉

○『義太夫年表　明治篇』（義太夫年表編纂会・義太夫年表刊行会・昭和三十一年五月十一日刊）
○『義太夫年表　大正篇』（財団法人文楽協会・「義太夫年表」（大正篇）刊行会・昭和四十五年一月十五日刊）
○『近代歌舞伎年表　大阪篇』（国立劇場近代歌舞伎年表編纂室・昭和六十一年三月三十一日刊、八木書店）
○『演劇百科大事典』（早稲田大学坪内博士記念演劇博物館・昭和三十五年三月三十日刊、平凡社）
○高群逸枝著『増補　大日本女性人名辞書』（昭和十七年九月十三日刊、厚生閣）
○石割松太郎著『人形芝居雑話』（昭和五年刊、春陽堂）
○石割松太郎著『近世演劇雑考』（昭和九年刊、岡倉書房）
○木谷蓬吟著『文楽今昔譚』（昭和十八年刊、全国書房）
○堂本寒星著『上方演劇史』（昭和十九年刊、春陽堂）

【付　記】

本論考において掲載した資料については、武庫川女子大学附属図書館および井野辺潔氏にお世話になった。ここに記して謝意を表します。

V

王 敬 祥

孫文を支えた神戸華僑

三輪雅人

王敬祥（1913年の写真・王柏林氏蔵）

王敬祥　おう・けいしょう

一八七一年（明治四）、中国福建省金門島《きんもんとう》山後郷に生まれる。父が神戸市に創業した貿易商館「復興号」を引継ぎ、貿易商として成功。神戸華僑同文学校副董事長、社団法人中華会館理事長などを歴任。一九〇一年（明治三十四）日本国籍を取得、神戸海上運送火災保険株式会社（現同和火災）設立の際は共同出資し、また横浜正金銀行神戸支店理事に就任、一九一二年（明治四十五）には大阪の大火に義援金を拠出するなど、日本社会との融和・共栄にも心を砕いた。

一九一一年（明治四十四）中国にて辛亥革命の火の手が上がるや、いち早く革命支持を打ち出して中華民国僑商統一連合会を組織、中華民国成立後は国民党神戸支部副支部長に就任、第二革命勃発後は中華革命党神戸大阪支部長として孫文を支えた。一九二二年（大正十一）、神戸市で死去。

一　列強の侵略と中国の近代化

アヘン戦争以来、欧米列強は巨艦大砲を背景とした強圧的外交を展開し、清朝の主権を侵して権益を次々に奪い取った。領土的野心を隠さず経済的侵略を推し進める列強の前に、中国の危機は次第に分割・亡国の局面へと近づいていく。

清朝側も、列強の跳梁跋扈《ちょうりょうばっこ》をただ手を拱《こまね》いて傍観していたわけではない。西欧人に「百回話し合い、百回決裂する」と辟易させた交渉術はなお健在であった。地大物博《ちだいぶつばく》を誇り中華思想に安住していた清国を世界経済の中に引きずり込んだのは、イギリスの圧倒的な近代兵器であったため、中国人は、強大な軍事力を持ち交渉も強硬なイギリスを最も恐れていた。そして老獪な外交術を弄する智謀に長けたフランスに一目おき、中国の権益奪取レースに乗り遅れたが国境を接し容易に大軍をなだれ込ませるロシアに大きな脅威を感じ、新興の強国ながら「外交は拙劣、当局は愚蒙」な日本は与し易く列強中最もだまし易い、と見ていた。清朝は時に利害の衝突する列強同士を競わせ、離間の策を施して外交的な譲歩を引き出そうと画策した。

しかしそういった対症療法的な外交術には自ずと限界があり、結局は清朝滅亡の時期を引き延ばすための時間稼ぎにしかならなかった。自国の衰退を根本的に救う有効な手段を打てない清朝の無能ぶりは、漸く明らかとなるのである。

危機感に乏しい清朝中央に対し、列強の軍事力の優越性を目の当たりにした曾国藩《そうこくはん》、李鴻章《りこうしょう》、張之洞《ちょうしどう》ら一部の地方官僚たちは、洋式兵器の積極的導入を開始し、自然科学を中心とした最新の教育を施すために力を注いだ。しかし主に西洋機器の摂取によって富国強兵を目指すこれら洋務運動《ようむうんどう》は、その成果たる李鴻章の北洋艦隊が、日本海軍によって壊滅させられ、破綻をきたしてしまう。技術を移植するだけでは「東海の島国」すら勝てない……。日清戦争の惨敗は軍事力の優劣によるものではなかったのである。中華思想の優越感が大きく揺らぎ、中国人は深刻な精神的危機に直面した。

中国が立ち直るためには大規模な政治制度の変革によるしかない、と考えたのが康有為《こうゆうい》であった。制度改革の必要性は多くの知識人が認めつつあったが、「変革は決して西欧の模倣ではなく、孔子の理念の実現である」とした所に康有為の特徴がある。光緒帝《こうしょてい》の破格の登用を受けた彼は、上書を連発して変法による中国の自強、いわば清朝の体制内改革を図った。これが戊戌変法運動《ぼじゅつへんぽううんどう》である。それなりに英明であった光緒帝は矢継ぎ早に詔勅を下して改革の断行を命じ、康有為の建議を実現しようとする。これに対し頑迷な保守派たちは意識的なサボタージュと妨害工作で抵抗した。そして遂に西太后《せいたいこう》派と袁世凱《えんせいがい》がクーデタを発動するに及び、光緒帝は幽閉され、改革を推進した譚嗣同《たんしどう》らは逮捕・処刑、康有為は日本に亡命のやむなきに至った。こうして戊戌変法運動は充分な成果を挙げることなく、わずか百日余りで葬り去られたのであった。

洋務派が西欧のテクノロジーを移植する事によって富国強兵を目指し、康有為が上からの改革によって清朝の建て直しを企図したのに対し、清朝を打倒し皇帝支配そのものを破壊しなければ中国を救えない、と考えたのが孫文《そんぶん》ら革命派であった。

二　孫文の革命活動と日本

孫文は日清戦争開戦直後に革命団体・興中会《こうちゅうかい》を組織して以来、十回に及ぶ武装蜂起を繰り返す。その一方で「異民族支配の打倒を目指す民族主義」「人民主権の共和制樹立を目指す民権主義」「経済的平等の実現を目指す民生主義」からなる三民主義《さんみんしゅぎ》を掲げ、革命運動に明確な指針と方略を与えた。排満主義を叫び清朝打倒を訴えたのは一人孫文だけではないが、彼の卓越性は早期から実力闘争を展開した実行力のみならず、反満・民族主義革命に共和国の建設と社会問題の解決という目標を結びつけた、極めて斬新な革命理論にあった。

孫文は革命派諸団体を糾合し、秦の始皇帝《しこうてい》以来二千年に及んだ王朝支配に終止符を打って、アジア最初の共和国である「中華民国」建国に成功する。孫文の革命活動は清朝打倒と中華民国臨時大総統就任をもって一つのピークに達したのであった。しかしこれは決して一朝一夕になったものでは無かったし、また中華民国も理想の新国家には程遠かった。彼はその後も救国主義の立場から、多難な革命事業に精魂を傾ける事になる。かつて「失敗の英雄」と評された孫文であるが、彼の見識と熱意、責任感と奮闘がなければ、現在の中国の繁栄・発展もなかったであろう。彼が今なお「中国革命の父」として中国・

台湾の人々の敬愛を集める所以である。

孫文は「明治維新は中国革命の第一歩、中国革命は明治維新の第二歩である」「日露戦争はアジアに大きな希望を与えた」と語り、日本を中国近代化のモデルと考えていた。また最初の武装蜂起に失敗して日本に亡命して以来、たびたび活動の拠点を日本に置いており、滞在期間は合わせて九年間にも及ぶ。孫文ひいては中国革命と日本との関わりは、非常に深かったのである。

例えば、清朝に引導を渡す辛亥革命《しんがいかくめい》を指導した革命団体として歴史に輝かしい名を残す中国同盟会《ちゅうごくどうめいかい》は、一九〇五年（明治三十八）に東京で結成されたのであった。民国を簒奪する袁世凱《えんせいがい》ら軍閥の打倒を目指した中華革命党《ちゅうかかくめいとう》も、一九一四年（大正三）に東京で設立された。「日本はヨーロッパの覇道文化を取り入れたが、アジアの王道文化の本質も持っている。今後日本が西洋覇道の走狗となるか東洋王道の盾となるか、日本国民は良く考え慎重に選択しなければならない」と述べた有名な「大アジア主義」講演は、死の直前一九二四年（大正十三）に神戸高等女学校で行われたものであった。

孫文は日本及び日本国民に対し、中国革命に対する支援と連携を期待し続けた。残念ながら日本国政府は彼の期待に遂に応えられなかった。却って莫大な借款を与えて袁世凱ら軍閥を助け、また中国侵略の意志を露骨に示す「二十一ヵ条要求」を突き付けるなど、孫文の怒りと失望を招いてゆく。そしてその後の日本が、孫文の訴えた日中連携の道を放棄し、彼が危惧した如く「西洋覇道の走狗」となってしまうのは、歴史の示す通りである。

しかし、立場や信条は違っても実に様々な形で孫文に協力・援助を行った人々が、日本に大勢いたのも事実である。中国本土での活動が困難に直面する度に、孫文は必ずと言って良いほど日本にやって来たが、それは地理的な条件のみならず、日本に信頼できる同志や援助者たちが多かった事も大きな理由であった。孫文は一八九七年（明治三十）に来日した際の事を、後にこう回想している。

日本に着くと、民党の領袖・犬養毅が宮崎寅蔵（滔天《とうてん》）と平山周を横浜まで出迎えによこした。彼らの案内で東京へ行き、犬養と会った。（略）ついで副島種臣や在野の志士、頭山（満）、平岡（浩太郎）、秋山（定輔）、中野（徳次郎）、鈴木（久五郎）らと知り合い、後に安川（敬一郎）、犬塚（信太郎）、久原（房之助）らを知った。これらの在野の志士は中国の革命に事業に対し、前後して資金援助をしてくれたが、その最たる者は久原、犬塚であった。革命に奔走して終始おこたらなかった者は、山田兄弟、宮崎兄弟、菊池（良一）、萱野（長知）らであった。革命に尽力してくれた人に副島（義一）・寺尾（亨）両博士がいた。（『孫文選集』社会思想社）

宮崎兄弟と言えば、孫文の無名時代から協力・奔走を惜しまなかった宮崎滔天がよく知られている。彼の著書『三十三年の夢』は『孫逸仙』のタイトルで中国語に抄訳・出版されたが、この書物は当時「大逆不道の海賊」と見なされていた孫文を一躍「革命家」として有名にさせた。滔天と孫文の友情は、今も日中両国の人々に感動を与えている。宮崎家には他にも、孫文の民生主義に影響を与えたと言われる民蔵、滔天の目を中国に向けさせ、自らも中国革命に身を投じようとしたが夭折する弥蔵らがいた。

① 1913年に来神した孫文の歓迎会の記念写真。前列右から六人目が孫文、後列右から五人目が王敬祥。六人目が楊寿彭。孫文の向かって右が「移情閣」のオーナーだった呉錦堂、前列右端が山田純三郎。孫文の腹心や神戸華僑の大立者が顔を揃えている。（王柏林氏蔵）

山田兄弟とは、一九〇〇年の恵州蜂起に参加し外国人最初の犠牲者となった山田良政と、その弟で孫文の信頼厚く三井財閥などとの関係が深かった山田純三郎を指す（写真①参照）。

孫文に関わった人々は民・政・官・財など各層各方面に及んでいるが、ここに挙げられた者以外では池亨吉や末永節《みさお》、兵庫県知事の服部一三、日活創始者の梅屋庄吉、三上合資会社の三上豊夷《とよつね》、川崎造船の松方幸次郎、といった人物が有名である。

孫文の武力闘争は、活動資金を集め、日本の同志を動かして武器・弾薬を調達し、主に中国南部で武装蜂起して拠点を確保する、というのが基本的な戦略であった。宮崎滔天に代表されるような、ほとんど徒手空拳ながら義侠心ひとつで奔走してくれる志士を孫文は大いに頼りにしたであろう。しかし莫大な活動資金を提供してくれる支援者たちがいなければ、革命の宣揚も絵に描いた餅に過ぎない。革命の大功労者といえば、孫文・黄興《こうこう》・章炳麟《しょうへいりん》が「革命三尊」と呼ばれるが、世界中を遊説して資金を調達して来る能力にかけては、陣頭に雄を現す不屈の闘将・黄興や、激烈に民族革命を鼓吹する国学泰斗・章炳麟も、孫文には及ばなかった。

孫文はその活動資金の多くを、海外在住の華僑に負った。彼は成功した兄を頼って十三歳の時にハワイに渡っており、多感な時期を華僑の社会で過ごした事も大きい。孫文が「華僑は革命の母」と語ったように、物心両面の援助を惜しまなかった華僑が中国革命に果たした役割は、極めて重大だったのである。

三　神戸華僑・王敬祥

孫文は最初の武装蜂起に失敗し香港に逃れ、日本船広島丸に乗って一八九五年（明治二十八）十一月神戸に到着、初めて日本の地を踏んだ。当時の新聞は孫文を「廣東《カントン》暴徒巨魁」と紹介し、履歴を掲載している。彼は以来十八回に渡り神戸を訪れるのであるが、神戸には「暴徒巨魁」孫文の革命に共鳴し、私財を投げうって協力した華僑たちがいた。王敬祥はその代表的人物である。

王敬祥の先祖、一族の第十世祖（十代目）・王孟隣《おうもうりん》は清・順治年間（一六四四～六一年）に福建省金門島山後郷に居を定めた。王敬祥は王氏第十六世二房・王孝箱《こうしょう》の子供として生まれ、子のいなかった第十六世三房・王明玉《めいぎょく》（国珍《こくちん》）の養子となった。一房が長男、二房が次男、三房が三男であるから、彼は叔父の養子となったわけである。この王明玉は清・同治年間（一八六二〜七四年、日本・文久二〜明治七年）に人形劇団を率いて日本にやって来たが、その後商才を発揮し、神戸に移り住んで貿易商館「復興号」を設立する。王敬祥も父の跡を継いで家業を順調に発展させ、神戸の華僑社会に重きをなす。松本武彦氏の研究によれば、復興号は台湾米穀・砂糖・満州豆粕・雑穀・上海綿花を輸入し、海産物・マッチ・雑貨・綿布を輸出、取引は台湾・アモイ・上海・営口《えいこう》・マニラにまで及んだと言う。王敬祥は、やり手の実業家であったのである。

その王敬祥が孫文を支援するため特に積極的な奔走を見せるのは、まず辛亥《しんがい》革命前後、そして孫文が日本で中華革命党を結成し袁世凱らの打倒を目指して活動した時期である。

一九一一年（明治四十四）十月十日、革命思想に共鳴した武昌《ぶしょう》の新式軍隊の一部が蜂起した。これは突発的クーデタではあったが予想外の成功を収め、武昌・漢陽《かんよう》・漢口《かんこう》のいわゆる武漢三鎮を制圧する事ができた。辛亥革命の烽火である。この武昌蜂起を端緒として、燎原の火の如く蜂起が広がって各省が独立を宣言し、やがて清朝のラスト・エンペラー宣統帝溥儀《せんとうていふぎ》を玉座から引き摺り下ろす事になる。革命派の実力は脆弱であったので、地方の指導者層を中心とする立憲派との妥協を余儀なくされた。しかし武昌蜂起から五十日あまりで南京を陥落させるに至ったのである。

革命軍の蜂起は、直後より日本でも新聞各紙が連日報道し、朝野を分かたぬ大きな関心を呼んだ。天皇制国家たる大日本帝国としては、近隣に共和制新国家が出現する事に対し警戒心を怠ってはならない、という論調もあった。そんな中で王敬祥は早くも同年十一月、中華民国僑商統一連合会を結成して会長に就任、日本在住の華僑に革命の支持を訴えた。そして革命側の上海軍政府が中華銀行の設立を準備し始めると、王敬祥は広く募金を呼びかけ、資金を上海軍政府に送っている。孫文は新国家の経済建設に関し、この僑商統一連合会に大きな期待を寄せたのであった。

翌一九一二年一月一日、「中華民国」が成立し、孫文が臨時大総統に就任する。当初日本政府は他の列強同様、中華民国を承認しなかった。そこで同年二月四日、大阪・中の島公会堂において共和政府承認を求める「支那共和政府承認期成同盟大会」が開かれたが、王敬祥は中華民国僑商統一連合会会長として登壇し、「吾が党の本領」と題して概ね次のような演説を行った。

清国政府は僅かな満州族たちだけを優遇し、我々四億の漢民族を圧迫して膏血《こうけつ》を搾り取っている。我々は中国国内にいるとその事に毫《ごう》ほども気がつかないが、一旦海外に出て世界の文明に触れ、権利・義務の思想に接すると、政府の腐敗と圧迫を自覚するに至る。一昨年の国会速開運動などを弾圧し専制を改める事なく、また国庫に入るべき租税の五分の四は官吏が横領している。清国政府の腐敗はその極みに達し、我々が権利と幸福を獲得するためには、清国政府を打倒して共和政府を樹立するしかない。

新政府が成立すれば各国が享受する利益も大きいが、逆に清国の動乱を傍観していると惨禍は各国にまで及ぶであろう。特に日本と弊国は唇歯《しんし》輔車《ほしゃ》の関係にあり、兄弟の親交を結ぶべきである。もし支那の動乱が収まらず亡国に至れば、日本は孤立して欧米列強の圧迫に耐え切れず、東洋は南洋やインドのように滅ぼされる事になる。速やかに日本国が中華民国に公式の承認を与え、各国がこれに倣うよう希望する。

（『大阪毎日新聞』一九一二年二月五日）

国外に居住する華僑がなぜ清朝の暴政に敏感であり得たか、王敬祥の見解は非常に説得力がある。中国人が「皿の上のバラバラな砂」のように団結力がないのは民族意識が乏しいからだ、と孫文は考えた。しかし海外在住の華僑は、自らのアイデンティティーとして多かれ少なかれ民族的感情を持っていたのである。中華民国への承認と支援を訴え、日中両国の連携が欧米列強のアジア侵略を防ぐ有効な手立てとなる、という王敬祥の分析は極めて鋭い。これは孫文の主張とも共通するものである。思想の上で、また具体的な面で革命に協力する王敬祥は、中華民国成立後、同盟会を改組した国民党の神戸支部副支部長に就任した。

その後王敬祥はどのような活動をしたのか。孫文が彼に宛てた書簡を見てみよう。

四　孫文からの手紙

敬祥同志先生鑑、

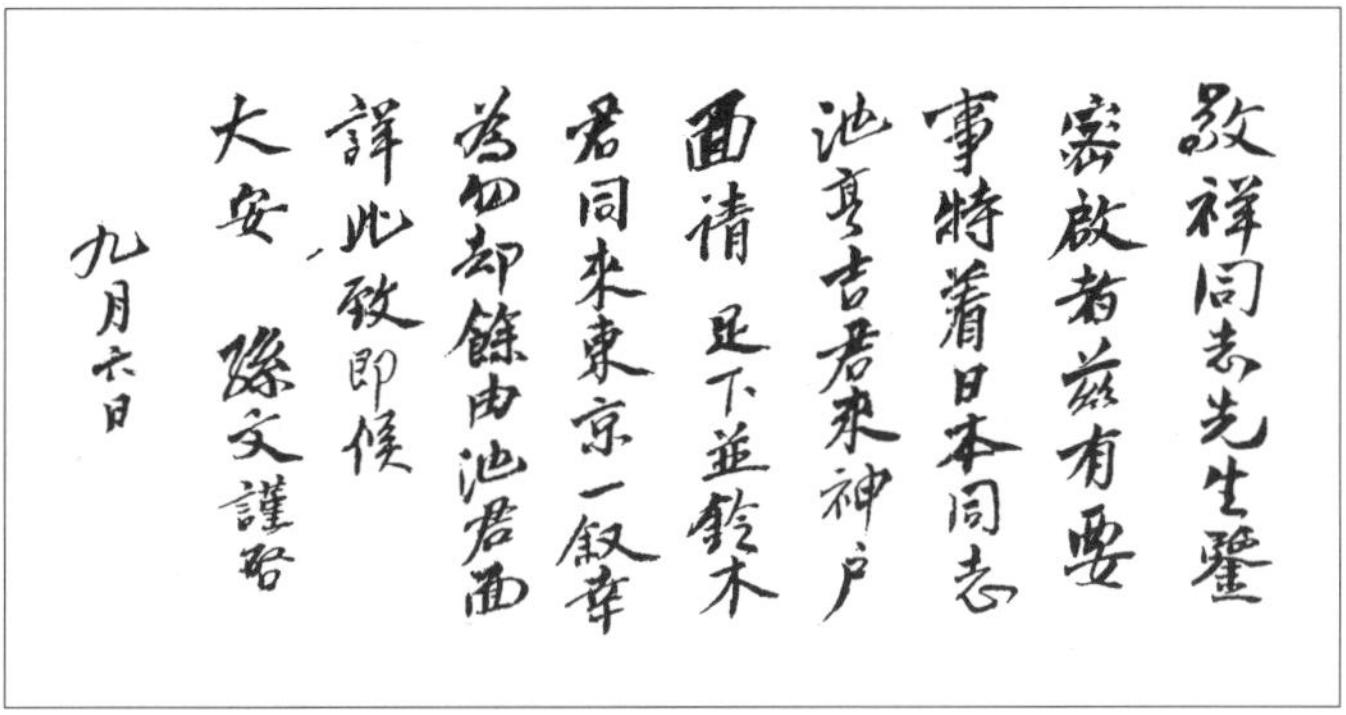
敬祥同志先生鑒
密啟者茲有要
事特着日本同志
池亨吉君來神戸
面請 足下並鈴木
君同來東京一叙幸
為勿却餘由池君面
詳此致 即候
大安 孫文謹啓
九月六日

②　孫文が王敬祥に宛てた直筆の手紙。「池亨吉にこの手紙を託す、至急東京に来て欲しい」と書かれている。（王柏林氏蔵）

内々に啓上、ご相談したい事があります、日本の同志池亨吉君を神戸に遣わしますので、貴殿は鈴木君と共に東京に御足労頂きたく存じます。どうかご辞退なされませぬよう。その他詳細については池君が直接申し上げます。

即候大安　　　　孫文謹啓

九月六日

（王柏林氏蔵）

これは一九一三年（大正二）のものと推測され、現物は王敬祥のご子孫が保管している（写真②参照）。日本滞在中の孫文は常に当局の監視を受けており、神戸での動向も兵庫県知事から逐一外務省へ報告されている。郵便物等は当然開封・検閲されていたと考えるべきであろう。孫文は「高野英一」などの変名を用いたが、特に重要な連絡の際にはこの手紙のように信頼のできる同志を派遣して直接手交させた。

民国成立後の中国初の国会選挙において、孫文らの同盟会を改組した国民党は圧勝し、責任内閣制による共和政治が実現するかに見えた。しかし一九一三年三月、袁世凱は内閣の首班に指名される事が確実であった宋教仁《そうきょうじん》を暗殺し、国民党系の都督を罷免した。袁世凱の暴虐に対し、同年七月第二革命が勃発したが、列強からの大借款を得た袁世凱の強力な軍隊によって、僅か二か月で鎮圧されてしまう。革命派首領は相次いで海外に逃れた。

孫文が王敬祥にこの手紙を書いたのは、そんな時期であった。池亨吉は孫文を鈴木宗言に会わせ、鈴木は孫文に「日本精神団」総裁の飯野吉三郎を紹介した。孫文は、日本軍や政界と密接なつながりを持つ飯野から武器弾薬を調達し、再挙を図ろうとしたのであって、当然王敬祥には資金の準備が期待されていたはずである。

第二革命の敗北後、孫文は国民党の失敗に鑑み、一九一四年（大正三）新たに中華革命党を結成して袁世凱らに対抗しようとした。中華革命党は党首・孫文への絶対服従を党員に求めたが、この「服従問題」を巡って同盟会以来の盟友で歴戦の勇将でもあった黄興と衝突し、袂を分かつという犠牲を払った。孫文自身は認めていないが、人望と行動力のあった黄興の離脱は大きな痛手であったはずである。第二革命で奮戦した李烈鈞《りれっきん》、柏文蔚《はくぶんうつ》、陳炯明《ちんけいめい》らの実力者も去った。当面の強敵・袁世凱を目前にしてのこの様な革命派首魁の決裂は、滔天ら日本の同志に少なからぬ失望感を与える事になった。こういった経緯もあって中華革命党は多難な船出となったが、王敬祥は該党の神戸大阪支部長に就任し、最も困難な時

委任狀

委任王敬祥爲神戸

大阪支部長　此狀

中華革命黨總理孫文

總務部部長陳其美

部長居正

中華

月十一日

③　王敬祥を中華革命党神戸大阪支部長に任じた委任状。袁世凱の専断と弾圧、革命派の分裂という困難に直面した孫文を、王敬祥は懸命に支える。（王柏林氏蔵）

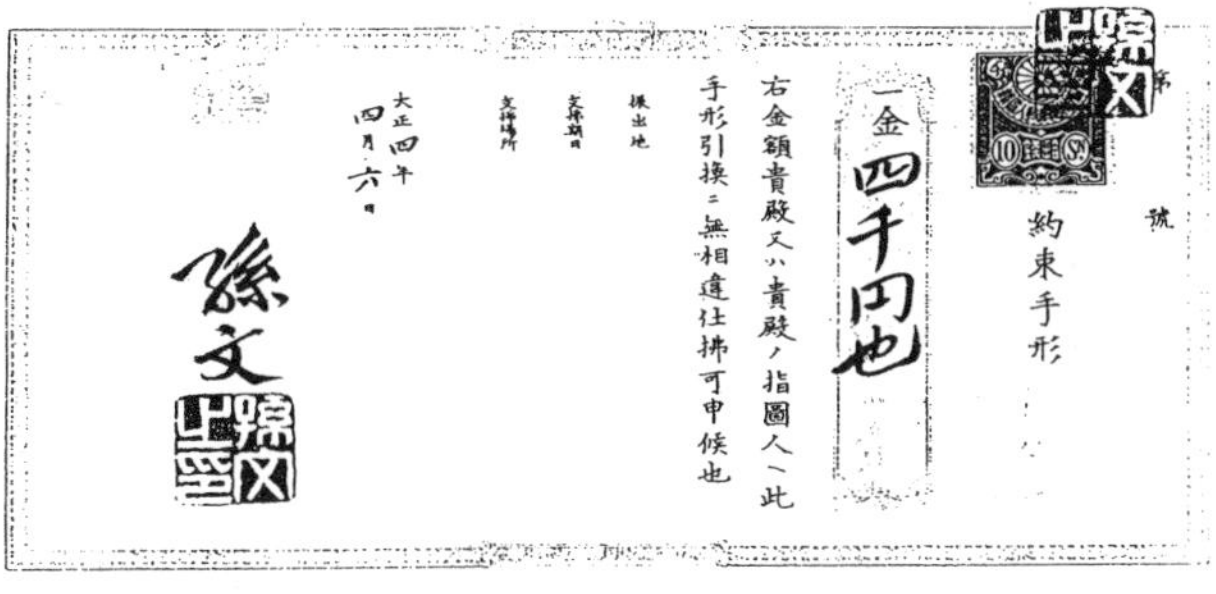

第　　號

約束手形

一金四千円也

右金額貴殿又ハ貴殿ノ指圖人ヘ此

手形引換ニ無相違仕拂可申候也

振出地

支拂期日

支拂場所

大正四年

四月六日

孫文

④　孫文の署名・捺印のある額面四千円の約束手形。（王柏林氏蔵）

期の孫文を強力に支えるのである（写真③参照）。

敬祥兄鑑

十月十二日に来信および手形を拝受致しました。手形は約束通り記入し、陳其美から渡させます。この金は直ちに電信為替で陳其美にお送り頂けますれば幸甚です。

此候大安

孫文

十月十四日

（『孫中山全集』）

これは一九一四年（大正三）に出された手紙である。書中に見える陳其美《ちんきび》とは、辛亥革命時に上海で蜂起して辣腕を振るい、中華革命党では総務部長に就任した人物。孫文の信頼厚い腹心であったが、この翌々年、上海で袁世凱の放った刺客に暗殺された。王敬祥から送られて来る活動資金を、彼が受け取って処理していた事がうかがわれる。この時期の陳其美からのものと思われる王敬祥宛書簡や、孫文の署名・捺印のある約束手形も現在王家に保存されている（写真④参照）。王敬祥は自ら私財を供出するだけでなく、さらに多額の資金調達を目指して奔走もしている。

敬祥先生大鑑

楊寿彭君から手紙を拝領、ご提案の借款の一件、これは是非やるべきです。最善を尽して実行してください。その条件は債権者が提出するものであり、我々には定める術がありません。我々は固より慎重に当たるべきでありますが、彼らは必ず相当な報償を求めるでしょう。要するに、その価値の如何をよく見極めた上で判断しましょう。もし我が国の主権に害が無いのであれば、彼らが重大な利益を望むとしても、それを必ずしも惜しむ事はありません。

即頌大安

九月六日

孫文

（『孫中山全集』）

これは一九一五年（大正四）の書簡、楊寿彭《ようじゆほう》とは神戸華商商業研究所会長・中国国民党神戸支部長などを歴任する人物である（写真①参照）。王敬祥はこの借款実現へ向けて努力を傾注するのであるが、孫文は借款の条件については非常に柔軟な姿勢を見せている。言い換えれば、それだけ事情が逼迫していたのである。この三週間後、孫文は再び王敬祥に次のような手紙を送っている。

敬祥先生大鑑

先週、陳其美よりご相談申し上げました資金の調達、迅速にご尽力頂きますようお願い致します。と申すのも各方面の事情が甚だ急で、速やかに支払わなければならないからです。黄展雲君とは既に面談しましたが、もし募金による調達がなかなか進まないのであれば、ひとまず別の手段を講じて立て替え、何とか間に合わせて下さい。これは時間の問題であって、大局が受ける恩恵はすこぶる大きいものがあります。何卒お急ぎ下さいますよう、お願い申し上げます。

即頌公安

孫文

九月二十七日

（『孫中山全集』）

黄展雲《こうてんうん》は王敬祥と同じ福建省出身の人物、中華革命党では孫文の秘書や福建支部長を務め、軍債の発行や資金調達に当たった。この書簡で孫文は、期待していた募金等が集まらないのであれば別の方法で資金を捻出して、それで急場を凌ぎたい、と王敬祥に訴えている。そしてさらに十日後に手紙を送っている。

敬祥先生大鑑

許崇智君が帰って参り、お手紙を拝領しました。足下は国のため党のため、日夜苦心惨憺されており、深く感謝致しております。ここに私が署名した領収書二枚をお送りしますので、何卒速やかに処理して直ちに東京へ送り、急場に対応できるようにして頂きますれば幸甚に存じます。

即頌公安

孫文

（『孫中山全集』）

十月七日

許崇智《きょすうち》は広東出身、中華革命党では軍務部長を務めている。用件のみ簡潔に記すのが孫文のいつもの書信のスタイルであるが、この手紙では冒頭に王敬祥の労苦をいたわる文言が見られる。前回の依頼に対する王敬祥の返信に、資金捻出に関する困難が書かれてあったのか、孫文は彼の尽力に謝意を表している。孫文が要請したように、当面の資金を王敬祥は用立てたものと思われる。第二革命失敗後に日本に亡命した革命派たちの困窮は一方ならず、活動資金はおろか生活費にも事欠く有様で、孫文は「意気消沈している者も多い」と別の華僑に書き送っている。現在確認できる孫文の王敬祥宛書簡は、こういった時期に集中しているのである。孫文がいかに王敬祥を頼りにしていたかがわかる。

第二革命を制圧した袁世凱は独裁体制を確立し、日本の二十一ヵ条要求を承認する一方、自ら帝位に登る野心をあからさまにし始める。中華革命党はこれを厳しく非難し、孫文は袁世凱打倒を目指す第三革命のために、一九一六年（大正五）四月、日本を離れ上海へ向かった。袁世凱は年号を「洪憲《こうけん》」と改め一旦は皇帝となるが、列強の反発と国内の反袁世凱の風潮は予想以上に激しく、彼は帝政を取り消さざるを得なくなる。帝政復活に失敗した袁世凱は憤死し、彼の下に強固な団結を保っていた北洋軍は次第に分裂する。そしてそれぞれ別の列強をパトロンとして各地に割拠し、軍閥混戦の様相を呈し始めた。

孫文は広州を根拠地として北方系の軍閥に対抗、袁世凱に扼殺された民主的な代行憲法すなわち中華民国臨時《ちゅうかみんこくりんじ》約法《やくほう》の復活を掲げて護法闘争を行う。そして時機を見極め南方の軍閥の軍事力に依拠しながら「北伐」を号令するが、陳炯明《ちんけいめい》のクーデタに遭い、辛くも一命を取りとめて広州を脱する。ロンドンでの誘拐事件に継ぐ、生涯二度目の大きな生命の危機であった。

孫文の苦闘はさらに続くのであるが、この陳炯明が反乱を起す直前、時に一九二二年（大正十一）六月十日、王敬祥は神戸市で死去した。『神戸又新日報』は六月十二日付けで次のような死亡記事を掲載している。

王敬祥氏死去

當地《とうち》在留支那人の重鎮王敬祥氏は昨年十二月から肝臓癌に罹《かか》り、京都大学病院吉川博士及《および》當市横山醫師《いし》の診療を受けて居たが、醫薬叶《かな》はず十日午後十一時死去した。氏は二十歳頃當地に来り、二十八歳父の業《ぎょう》をを受けて主として米、砂糖、豆の輸入業を営み、年額五百万圓内外に及び、大正二年の頃横濱正金銀行の神戸支買辦《ばいべん》を勤めたる事あり。上海中南銀行重役で、大正五年中華民国から五等嘉禾勲章を受領した。實業方面に従事する外、氏は又政治方面にも関係し日支親善に貢献して来た。享年五十二歳。

（句読点は筆者）

王敬祥は死に至るまで神戸華僑同文学校の副董事長（副理事長）の職にあり、華僑子弟の教育に尽力した。彼の存命中、董事長（理事長）の交代はあったが副董事長は一貫して彼が務めたのである。中華民国教育部はこの功績を称えて死後直ちに「銀色一等嘉祥章」を贈った。彼は現在、先祖たちの墓のある金門島に眠っている。

かつて王敬祥に長男が誕生した折、孫文は自分の号「中山《ちゅうざん》」から「山」の一字を与え「重山《じゅうざん》」と名付けた、という話が王家に伝わっている。そしてこの王重山は王敬祥の死後、父の遺した巨額の借財に茫然としたと言う。王敬祥が、孫文を支え革命に東奔西走した結果であった。

孫文は護法闘争の終結後、革命の戦略を練り直し、三民主義理論を深めて「中国国民党」を設立するに至る。ここに孫文の中国革命は、いよいよ最終的な局面に達するのである。彼は自分の革命闘争を振り返って「百折不回」(百回失敗しても挫けない)と表現したが、そのためには王敬祥のような人物が是非とも必要であったのである。

五　神戸の特性と孫文記念館

孫文が海外の援助を求めていた時期、日本で華僑在住者の多かった地域と言えば、函館・横浜・大阪・神戸・長崎などが挙げられる。しかし同じ華僑でも中国革命や孫文に対する理解や態度は様々で、地域による温度差もあった。その中で神戸華僑が比較的早期から一致協力して孫文への支援体制を構築・維持したのは、まず王敬祥ら指導層の確信と力量による所が大きかった。

かつて革命派が最大の犠牲者を出し多くの精鋭を失う事になった広州起義《こうしゅうきぎ》を記念して、一九二一年「烈士陵園」が広州・黄花崗《こうかこう》に完成した。陵園の中心は「紀功坊」で、一四四個の献石がピラミッド型に積

⑤　広州・黄花崗烈士陵園の紀功坊。広州蜂起の犠牲者を顕彰するために建立された。各地の中国国民党支部や、王敬祥ら八名の神戸華僑の名が献石に刻まれている。（陳来幸氏提供）

み上げられている（写真⑤参照）。ここには陵園造営に際し募金に応じた中国国民党支部の名や個人名が刻まれている。陳来幸氏の調査によれば、個人名は六十九名足らずであるが、王敬祥を含め神戸支部党員は八名を数え、数の上では神戸華僑が群を抜いているという。例えば横浜支部や横浜華僑の名は見られない、という事実と考え合わせれば、当時の神戸華僑の中国革命への係わり具合が垣間見られると言えよう。

そして指導者たちのリーダーシップ以外にも、「海の道」を通して世界に窓を開いていた神戸という街の伝統と、進取の気象や開放性も、無関係ではないであろう。こういった神戸の土地柄や神戸人の気質は、当時も、そして現在も、多様で豊かな文化を育む土壌となっている。居留地の日本人社会との結びつきが強く、融和を図り、定着性も高い事を、多くの神戸華僑は今も大きな誇りとしている。

神戸市垂水区の舞子の浜辺近く、かつて「移情閣」「八角堂」の名で市民に親しまれた洋館があった。経済界の実力者として孫文や王敬祥とも関係が深かった、神戸華僑・呉錦堂《ごきんどう》の別荘である。この遺構は、華僑・研究者・兵庫県など各関係者の努力によって、一九八四年「孫文記念館」として生まれ変わった。その後、明石海峡大橋の開設工事に伴って一時的に分解保存されていたが、二〇〇〇年四月に復原を完了、展示内容を一新してリニューアル・オープンした。

今はかつての白砂青松は失われ、代わりにJR舞子駅を丸ごと呑み込む巨大なコンクリートの塊が我々の眼前に出現した。その明石大橋の傍に、孫文記念館は瀟洒な姿を見せる。中国革命に関わった群像、孫文、彼の同志、日本の友人、そして華僑。それら様々な人々の営みや思いを、「移情閣」は凝縮し、今に伝える。

日本の近代化を考える時、中国革命は我々に避けて通れない問題を提起し続ける。そして日本唯一の孫文の記念館が神戸に置かれている事は、非常に象徴的であり、極めて意義深い。

〈参考文献〉

○王柏林著「金門島山後郷王家三代記・神戸に定着した一華僑家族の記録」（神戸大学社会科学研究会編「社会科学雑誌」七号、一九九〇年三月刊、所収）

○王柏林・松本武彦著『王敬祥関係文書目録』（一九九六年十一月刊、六甲出版）
○松本武彦著「孫中山と王敬祥」（一九九九年三月刊、日本孫文研究会・神戸華僑華人研究会編『孫文と華僑』、汲古書院、所収）
○中村哲夫著『移情閣遺聞』（一九九〇年三月刊、阿吽社）
○狭間直樹・長崎暢子著『世界の歴史27・自立へ向かうアジア』（一九九九年三月刊、中央公論社）
○陳来幸著「広州黄花崗公園の『紀功坊』について」（孫文研究会編「孫文研究」二六号、一九九九年七月刊、所収）
○孫文研究会資料編纂委員会編「日本新聞孫文関係報道資料集成9」（孫文研究会編「孫文研究」二三号、一九九八年一月刊、所収）
○伊地智善継・山口一郎監修『孫文選集』全三巻（一九八九年六月刊、社会思想社）
○陳徳仁・安井三吉著『孫文と神戸』（一九八五年刊、神戸新聞出版センター）
○宮崎滔天著、宮崎龍介・衞藤瀋吉校注『三十三年の夢』（一九六七年十月刊、平凡社・東洋文庫）
○宮崎滔天著、島田虔次・近藤秀樹校注『三十三年の夢』（一九九三年五月刊、岩波文庫）
○陳錫祺主編『孫中山年譜長編』全二冊（一九九一年八月刊、北京・中華書局）
○王賡武著「海外華人与民族主義」（一九九七年三月刊、『孫文与華僑』、財団法人孫中山記念会、所収）
○李廷江著『日本財界与辛亥革命』（一九九四年三月刊、北京・中国社会科学出版社）
○国父全集編輯委員会編『国父全集』全十二冊（一九八九年十一月刊、台北・近代中国出版社）
○中国社会科学院近代史研究所中華民国史研究室他編『孫中山全集』全十一巻（一九八一～八六年刊、北京・中華書局）

【付　記】

本稿の執筆に際しては、王敬祥の実孫にあたる王柏林氏にご協力を頂いた。また神戸市立博物館の田井玲子氏・神戸商科大学の陳来幸氏は貴重な資料を提供して下さり、孫文記念館の蒋海波氏には文献閲覧の便宜を図って頂いた。ここに謝意を表したい。

あとがき

本書は、国文にとどまらぬ様々な分野の研究者に、地域は関西、時代は江戸時代後期から明治時代に視座を据えて、従来ほとんど研究されていない人物を取りあげてもらい、一冊の本にまとめるべく書きあげてもらったものである。

従来ほとんど紹介の無い人物の評伝を中心にして、分野も様々、これが本書の何よりもの取り柄である。専門分野が異なる者が寄り合って、関西黎明期の群像を描くことで、それなりのおもしろい本が出来上ったと編者は確信しているし、残る本になってほしいと思っている。

なぜ、そんなにしょっている、といわれたら、困る。困るが、確信はある。こんなにもすばらしい人たちが関西にはいたのだ、執筆者たちは各々取りあげた人物に対して心から、そう思って、その各々の人物の評伝を書きおこしたのだから。はじめいらないと思っていたあとがきをどうしても書く気になったのも、校正で全体を改めて読みなおしているうちに、出版を引き受けて、一緒に本の立ちあげに尽力してくださった和泉書院の廣橋研三氏や、共に執筆してくれたメンバーに心から感謝の一言がいいたくてに他ならない。

（管　宗次）

◆執筆者一覧◆

鷲《わし》原《はら》知《とも》良《なが》　仏教大学非常勤講師

管《すが》　宗《しゅう》次《じ》　武庫川女子大学助教授

郡《こおり》　俊《とし》明《あき》　柳学園高等学校教諭

馬《ば》場《ば》憲《けん》二《じ》　武庫川女子大学教授

三《み》輪《わ》雅《まさ》人《と》　関西外国語大学助教授

関西黎明期の群像　　上方文庫　20

2000年5月20日　初版第一刷発行©

編　者　馬場憲二・管　宗次

発行者　廣橋研三

発行所　和泉書院

〒543-0002　大阪天王寺区上汐5－3－8

電話06-6771-1467／振替00970-8-15043

印刷／製本　亜細亜印刷

ISBN4-7576-0047-X　C0395　定価はカバーに表示